新ラグビーの逆襲

日本ラグビーが「世界」をとる日

永田洋光 *nagata hiromitsu*

言視舎

はじめに

第9回となるラグビー・ワールドカップ（以下W杯）は、2019年9月20日に東京は調布市の東京スタジアム（味の素スタジアム）で、開幕戦のキックオフを迎える。

この、晴れのピッチに我らが日本代表が登場する。

果たして日本代表は、自国開催のW杯で史上初めてグループリーグを突破して「世界8強」に名乗りを上げられるのか。

15年に第8回W杯が終了した時点では、ラグビーファンも、メディアも、一般のスポーツファンも、みんなが楽観的な気分でいられた。

なにしろ日本代表は、大会初戦の9月19日（日本時間20日未明）に、優勝候補の一角、南アフリカ代表スプリングボクスを34－32と劇的な逆転勝利で破り、英国の『ザ・タイムス』や『ガーディアン』、『インディペンデント』といった一流紙から、「スポーツ史上最大の番狂わせ」と大絶賛された。

日本国内でも、20日早朝に朝日新聞、読売新聞といった一般紙がこぞって街で号外を配り、N

HKも午前7時のニュースのトップでこの試合を大々的に報道した。

寝ぼけ眼の一般的な日本人は、そうした報道に接して、初めてラグビーにも「ワールドカップ」があり、そこで日本代表が何かものすごい金星を挙げたことを知った。

それまであまりラグビー報道に熱心ではなかったメディアも、海外の反響の大きさに引きずられるように、日を追うごとにこの金星の意義を熱心に強調し始めた。

この時期、それまで日の当たらない道を歩んできたラグビー記者の多くが、「これはどのくらい凄いことなんですか?」という問い合わせの電話を何度も受けたし、ラグビー経験のある芸能人たちは、さまざまな比喩を用いてこの金星の凄さを説明しようとした——例の「桐谷美玲がウサイン・ボルトに勝つようなもの」というのも、このコンテクストから出た言葉だ。

そうした熱狂のなかで、日本代表は、続くスコットランド戦には敗れたものの、勢いに乗ってサモア、アメリカを破り、史上初めて大会3勝を挙げた。最終的に南アフリカ、スコットランドと3勝1敗の3すくみになって勝ち点差でベスト8進出は逃したが、これは日本のスポーツ史に残る快挙だった。

期待を裏切らずに勝ち続ける日本代表に対して、メディアのスポットライトはヒーローを求めて試合の詳細をなめるように照らし続けた。

そして、次々とキックを決めて日本に得点をもたらし、絵になるトライまでやってのけた五郎《ごろう》丸歩《まるあゆむ》が一夜にしてヒーローとなり、ラグビー人気が沸騰した。

“五郎丸ポーズ”

常温の水道水が一瞬にして沸騰するような化学変化が起こったのである。
そして、わかったことがあった。
ラグビーはルールが難しいから人気が出なかったのではなかった。
日本代表が世界で勝てなかったから人気がなかった。
それが、この国のラグビーの歴史的な姿だった。

もちろん、ラグビーのルールは面倒くさい。オフサイドという反則1つとってみても、さまざまな状況に応じて設定され、それを全部覚えようとしたら受験勉強並みの苦労が必要になる。さらにスクラムの組み方やタックルには、「安全対策」という名目で禁止されるプレーが年々増え、昔ラグビーをちょっとかじっていたオールドファンが久しぶりにテレビ中継を見たら、「なんで今のプレーが反則なの？」という場面が続出することになる。

しかし、ルールが毎年のように変わり、反則が生じる状況がわかりにくくても、日本代表が勝てば〝五郎丸ポーズ〟が流行り、15年のジャパンラグビートップリーグに予想を上回る観客が押し寄せる。

選手たちも、ルールを覚えてからプレーを始めたわけではない。

観客席で声をからすサポーターも同じことだ。

何の予備知識がなくとも、全速力で走る人間が奇妙な形をしたボールを器用に操ってパスしたりキックしたりするのは単純に面白いし、その人間に向かって防具をつけない人間が頭からタックルに入るなんて……もう、こんなに不可思議で興味深い光景もない。

だからこそ、15年から16年にかけて、日本のラグビー界には幸福な空気が漂っていた。


ところが、そうした興奮が今、少しずつボルテージを落としつつある。

ラグビーファンは、我らが代表がベスト8に勝ち残ることを願い、祈り、かつ信じようとしながらも、一抹の不安を抱えている。

15年W杯で得られたような興奮と感動に、なかなか巡り会えないからだ。

日本は代表強化のためにサンウルブズというチームを組織し、16年から世界最高峰のラグビーリーグ、スーパーラグビーに参戦。ハイレベルの試合が毎週のように続くスーパーラグビーで、新参のサンウルブズがどこまで戦えるのか、ファンは期待と不安の入り交じったまなざしで見つめた。

しかし、17年シーズン終了時点で、サンウルブズが2シーズン30試合を戦った成績は、3勝26敗1引き分け。秩父宮ラグビー場でファンが熱狂した勝利も3つあったが、それを上回る黒星が、先行きに影を投げかけている。

肝心の日本代表も、W杯以後、17年6月までに18試合を戦い、成績は11勝7敗と一応勝ち越してはいるが、そのうち8勝は格下の韓国、香港から挙げたもの。つまり、アジアを一歩出れば、ランキングが近いカナダ、ジョージア、ルーマニアには勝ったものの、格上のスコットランド、アルゼンチン、ウェールズ、フィジー、アイルランドには勝てなかった。

このうちスコットランドとは16年に2試合、アイルランドとは17年に2試合戦ったが、16年はベストメンバーで来日したスコットランドと〝勝つか負けるか最後までわからない〟勝負で、17年は、主力が抜けたアイルランドに連敗である。

その直前に、両国が19年W杯で日本と同組になることが決まったというのに、だ。

こうした内容の陰りも、ファンの間に微妙な空気を生んでいる。

もちろん、多数派は、19年W杯を見据えて〝熱烈応援〟を貫く人々だが、少しずつ「本当にこれで19年は大丈夫なのか?」と、首を傾げるファンも増えつつある。

日本代表の成績がこのまま上向かないようなら、熱気が19年まで続くかどうか、雲行きは微妙なのである。

もちろん、20年に開催が決まっている東京オリンピック、パラリンピックと連動して、さまざまな盛り上げが行なわれ、熱気はそう簡単にはしぼまないだろう。

しかし、ファンもメディアも、思うことはただ1つ。

15年に突然降って湧いた巨大な感動を、今度はその過程からじっくりと味わい、自国開催の大会で極大化したいのである。

それにもかかわらず、サンウルブズも日本代表も、今は強化の過程にあることを理由にして、そうした感動を提供できずにいる。これで本当に2019年にふたたび歓喜は訪れるのだろうか――というのが、本書のテーマである。

当然、現在の強化スタッフに対して厳しい見解をぶつけることになるだろうし、それを「批判」と受け取られることも、私は覚悟している。

どんな形であれ、〝批判はネガティブで何も生み出さない〟と信じられている今の日本で、決してメジャーとは言えないラグビーについてそんな本を上梓するのだから、無謀は覚悟の上だ。

しかし、私は、批判をネガティブだと考える人たちに、そっとこう耳打ちしたいのだ。

「未来について今、行く末を懸念して批判する方が、未来の現実が最悪の結末で終わることより、はるかにポジティブではないですか？」と。

ラグビーが、ルールが難しいと言われながらも15年に一大ブームとなったように、この競技には、本質的なスポーツとしての面白さが詰まっている。そんな魅力的なスポーツの、最高レベルの国際大会が日本で開催されるのに、母国の代表だけが〝蚊帳の外〟に置かれるような事態になったらどうしよう——というのが、私の懸念なのである。

今は、そんなおぞましい事態を避けるために、ありったけの言葉を費やしたい。

だからこそ、今、心に浮かぶ懸念や疑念を言葉にした。

それが、本書である。

目次

新・ラグビーの逆襲

2015　W杯　歓喜のメンバー　こういう感動をもう一度味わいたい

第1章

2019年W杯で日本代表は勝てるのか？

▼千載一遇の組み合わせ

2017年5月10日、京都市で19年ラグビー・ワールドカップ（W杯）日本大会の組み合わせ抽選が公開で行なわれた。

W杯は、参加20チームが5チームずつ4つの組（プール）に分かれて総当たり戦を行ない、各プール上位2チームが決勝ラウンドに進出。そこからはノックアウト方式の戦いとなり、王者を決める。

87年の第1回大会から11年の第7回大会まで、開催国は常にベスト8以上の成績を残してきたが、15年の第8回大会で、イングランドが初めて開催国でありながらグループリーグ敗退という成績に終わった。19年大会を主催する日本としては、少々気が楽になった……と言えなくもないが、史上初めてラグビー伝統国以外での開催となる以上、なんとしても8強に残って日本ラグビーの存在感を示したい。また、それが開催国として「マスト」の成績だとも考えている、というのが開催にあたっての日本のスタンスだった。

15年W杯で、エディー・ジョーンズが率いた日本代表が、史上初めて大会で3勝を挙げたのも、19年に向けて強化に弾みをつけるという意味では最良の結果だった。残念ながら、同組の南アフリカ、スコットランドも3勝を挙げたため、最終的に日本は勝ち点差でベスト8進出を逃したが、それでも19年大会に向けて、選手たちが「オレたちはできる」という手応えを得たのも事実だった。

ヘッドコーチ（HC）がエディーからジェイミー・ジョセフに替わり、チームのメンバーも半数近くが入れ替わったが、8強という目標自体は変わらない——という状況で、日本は抽選日を迎えたのだった。

抽選結果は、日本にとってほぼ〝満額回答〟と言えるものだった。

日本は、アイルランド、スコットランド、ヨーロッパ地区予選1位、ヨーロッパ予選2位とオセアニア地区3位のチームが戦うプレーオフの勝者という4チームと同組になった。

ヨーロッパ地区1位には、ルーマニアが入ると想定されていて、プレーオフ勝者には、この時点ではおそらくトンガが入るのではないかと見られていた（7月15日にサモアがプレーオフに回ることが決定）。

2019年　第9回　W杯　組み合わせ

プールA	プールB
アイルランド	ニュージーランド
スコットランド	南ア
日本	イタリア
ヨーロッパ1	アフリカ1
プレーオフ1	予選優勝チーム

プールC	プールD
イングランド	オーストラリア
フランス	ウェールズ
アルゼンチン	ジョージア
アメリカ	フィジー
トンガ	アメリカズ2

抽選は、無条件で出場権を持つ前回大会各プール3位までに入った12チームを、世界ランキング順に3つのバンドに分ける。それから、残る各地区予選を戦うチームを、参加国のランキングに照らしながらさらに2つのバンドに分け、5つのバンドのなかからそれぞれのプール分けを行なう方式がとられた。

バンド1には、ニュージーランド、イングランド、オーストラリア、アイルランドの4チームが、バンド2には、ウェールズ、フランス、南アフリカ、スコットランドが、バンド3には、アルゼンチン、日本、イタリア、ジョージアが、それぞれ入ることが事前に定められていた。

つまり日本は、ニュージーランドやイングランド、オーストラリア、南アフリカといったW杯優勝経験を持つ国との対戦を避けられた上に、大会4強の〝常連〟であるフランス、アルゼンチンとの対戦も避けられた。同組のアイルランドは不思議なことにW杯では実力を出し切れず、これまで4強に勝ち残ったことはなく、スコットランドも91年の第2回大会でベスト4に残った以外は8強止まりだった。しかも、両国とも、それぞれベスト8進出を逃した大会があり、日本より実力が上であるのはもちろんだが、勝利を目指すのが絶望的という相手ではない。おまけに、ルーマニアにはこれまでの対戦で4勝1敗（注・17年5月時点＝同年6月の対戦は含まない）と勝ち越しており、この時点で同組になると思われていたトンガも通算成績7勝9敗と、ほぼ五分の成績だ。

それを考えれば、これ以上ないドローに日本は恵まれたわけである。

「これは4戦全勝も夢ではない！」

私は抽選結果を見てそう考えたし、ラグビーファンの間にも安堵する声が多かった。

直後の6月には、同組になる可能性が高いルーマニアと、同組が決まったアイルランドが来日してテストマッチを戦うことになっていて、その巡り合わせもまた、日本に追い風が吹いているように感じられた。

アイルランドは、同時期に行なわれるブリティッシュ＆アイリッシュ・ライオンズ（イングランド、スコットランド、ウエールズ、アイルランド4協会の代表チーム）のニュージーランド遠征に主力選手を11名送り出していて、実質的に1軍半の編成で来日することが決まっていたからだ。過去を振り返れば、宿澤広朗《しゅくざわひろあき》監督時代の89年に同様に主力を欠いたスコットランドを28－24と破り、エディー時代の13年にも同様のウェールズを23－8と破っている。

どちらも秩父宮ラグビー場で記録した歴史的な勝利であり、どちらの日本代表も、その2年後に開催されたW杯で勝利を挙げている。

いや、こうした編成で来日した〝伝統国〟に勝てなかった日本代表は、その後のW杯でも勝てなかった――と言うべきか。

いずれにしても、日本のラグビーファンの関心を2年後のW杯まで引きつけるためにも、そして何より世界に日本の実力を示すためにも、「必勝」が求められる。それが、6月のアイルランドとの2試合だった。

しかし。

日本代表は、まったくいいところを見せられぬまま連敗した。

いったい何が起こったのか。

▼「継承の約束」をホゴにした「後継者」

原因は、ジョセフがこだわってきた「キックで相手を混沌とした状況に陥れ（＝アンストラクチャーな状況＝後述）、そこからアタックを仕掛ける」というプランがまったく通用しなかったことにあった。

ジョセフは、16年9月に日本代表HCに正式に就任して以来、「キックを効果的に使い、アンストラクチャーな状況からアタックを仕掛ける」ことを戦術の柱に据えてきた。

アンストラクチャーな状況とは、ボールが動いているなかで、たとえば相手が落としたボールを拾うとか、相手が蹴ったボールを捕るといった、ディフェンスからアタックに転じるような（あるいは、アタックからディフェンスに転じるような）流動的な状況を指す。わかりやすく言えば、突然チャンスが転がり込んできた状況くらいの理解でいいし、要するに、相手ディフェンスの約束事（＝ストラクチャー）が機能しないような状況でのボール獲得のことだ。今まで攻撃していたチームが突然ボールを失い、そこから相手に反撃されれば、守るのが難しいだけではなく、しばしばトライを奪われる結果に結びつくケースが多いので、この言葉が多用されるようになった。

ジョセフは、キックを相手の背後に転がし、たとえ相手に捕られたとしても相手が蹴り返したり、それを奪い返すことで、アタックに有利な状況を作り出せる――そう考えているようだった。

実際、ジョセフはこうしたキックを多用するラグビーで、ニュージーランド南島のダニーデンに本拠を置くスーパーラグビーのチーム、ハイランダーズを優勝させているし（15年）、ニュージーランドでは、離れたポジションにノーマークでいる味方に向かってキックパスを蹴り、一気に大きなチャンスを作り出すようなラグビーが盛んに行なわれている。

これに対して日本は、エディー・ジョーンズ体制のときがそうだったように、細かくパスをつなぎ、相手にボールを与える危険性をはらむリスキーなプレーを避けて、着実に密集を重ねて攻撃時間を長くするラグビーを、今まで続けてきた。

エディーは、日本がW杯で強豪国と戦う場合、体格に勝る相手に長時間攻められれば、いくら防御を鍛え上げてもトライを防ぐことが難しいという立脚点に立ち、攻撃時間を長くすることで同時に防御の時間を短くすることを意図していた。そのために、どんな強豪相手にも攻撃を継続できるようパスの精度を上げ、選手たちのポジショニングに細かい約束ごとを設け、かつ長時間の攻撃に耐えられるだけのフィットネスを鍛え上げた。

同時に、相手にボールを与えるリスクを少なくするために、不要なキックや無理な体勢からのパスを厳しく戒めた。たとえば、パスが通ればビッグチャンスになるが、通らなければ逆に相手にチャンスとなるようなパスは、「フィフティ／フィフティ」と呼ばれて、しばしば禁止の対象となった。フィフティ／フィフティは直訳すれば「五分五分」だが、ラグビーのコーチが使う場合は「一か八か」というニュアンスに近いことが多く、そこには格上のチームにギャンブル的なプレーを仕掛けても成功の確率は低いという認識があった。

エディーは、日本代表を強化する一方で、その過程で日本ラグビー協会や選手たちと軋轢《あつれき》を起こし、結局15年W杯開幕前の8月25日に、宮崎県で合宿中の本人不在のまま退任が発表された。会見の席上で、日本協会の坂本典幸《さかもとのりゆき》専務理事は後任についてこう述べた。

「エディーさんがつくってくれたラグビーを継承できないと意味がない」

しかし、リスキーなプレーを厳しく禁じたエディーの〝後任〟は、フィフティ／フィフティの状況を作り出すためのキックを奨励し、エディーが残した〝遺産〟を継承しなかった。

その象徴的な例が、17年6月17日に静岡県のエコパスタジアムで行なわれた、アイルランドとの第1テストマッチだった。

▼アイルランド戦の顚末

この試合、アイルランドのジョー・シュミットHCは、ジョセフ流のラグビーを、彼がHCをやっていたスーパーラグビーのハイランダーズ時代（16年まで）へとさかのぼって分析し、万全の対策を立てて臨んだ。簡単に言えば、ジョセフが率いるチームはキックで防御の背後にボールを転がす傾向にあることを把握・分析し、蹴られた場合に誰がボールをカバーするかを徹底したのだ。

そこに、日本の選手たちはコーチのプランに忠実にボールを蹴り込んだ。

アイルランドは当然のようにこのボールを処理して、まったく動じなかった。

ジョセフはキックを蹴る意味を「アンストラクチャーな状況を作る」ことに置いているが、相手に分析されて周到に準備されれば、いくらボールを転がしても相手は自分たちの防御の約束事に従って処理するから、まったく「アンストラクチャー」な状況を作り出せず、そこから逆襲を食らうばかりだった。

私は、この試合を山形市でのパブリックビューイングの解説者として見ていたが、次々とトライを奪われ、攻撃に転じてもすぐにキックを使って相手にボールを与えてしまう日本の姿にフォローの言葉を失った。

会場にきた人たちが期待したのは、15年W杯の南アフリカ戦のように、日本が粘り強くボールをつなぎ、防御に回れば巨漢に向かって低く鋭いタックルを連発して一歩も引かない姿であったにもかかわらず、そうした日本の良さはほとんど出なかった。

後半になって選手を入れ替え、そこからようやくキックを減らして日本が反撃し、終盤の連続トライで少しはパブリックビューイングらしい盛り上がりを取り戻すことはできたが、最終スコアは22－50。

試合が終わると、会場にいたラグビースクールのコーチたちや、長年のファンから「なんでこんなラグビーになっちゃったんですか」と質問攻めにあった。
それほど落胆の声は大きかったのである。
当たり前だ——と、聞き役に回りながら、私は考えていた。
その兆候は2月に行なわれた17年スーパーラグビー開幕戦（対ハリケーンズ）からずっと出ていたし、日本代表の母体となるべきサンウルブズが、敗れても敗れても熱心に（というか懲りずに）ボールを相手の裏側に蹴ってはチャンスを失ってピンチを招くことを繰返していたからだ。

不思議なこともあった。

相手にボールを与えるようなキックを減らし、アタックの場面でパスを多く使い、いくつも密集を作ってボールを継続すると、サンウルブズはかなりの強敵に対してもそれなりに善戦し、トライを奪うこともできた。ちょうどこの試合の後半がそうであったように。しかし、試合に出るメンバーが入れ替わると、またサンウルブズはボールを蹴るのだった。

こうしたキックに関して、日本代表のOBたちも次のような言葉で危惧を表明していた。

以下は、スポーツ・グラフィック『ナンバー』929号（17年6月15日発売）に掲載された大西《おおにし》将太郎《しょうたろう》と野澤武史《のざわたけし》の対談からの抜粋である。

大西　（サンウルブズの）試合を見たら一目瞭然だけど、キック多すぎるよね？

野澤　キックはジェイミー・ジャパンにも通じるキーワードでもあります。サンウルブズと日本代表で一貫性を持って取り組んでいるんだろうけど、キックでボールを相手に渡し、混沌とした状況を作ってそこから打開する戦略が、果たして日本人にマッチするのか？　その議論がもっとあってもいいでしょう。（後略）

大西　（略）チーターズ戦が顕著だったように、今はただ相手にボールを渡しているだけ。ましてや、アイルランドはボールを継続してくるチーム。闇雲に蹴ったら、それこそ相手の思うツボだよね。

この対談はアイルランド戦の前に行なわれたものだが、大西が言った「闇雲に蹴ったら、相手の思うツボ」という言葉は、第1テストマッチでこれ以上ないほど見事に現実のものとなった。

▼ジェイミー・ジョセフは何を考えているのか

翌週24日の第2テストマッチでは、日本は前週よりも健闘したが、立ち上がりにアンラッキーなトライを奪われたこともあって、13－35で完敗した。

これがラグビーではなくサッカーの話であれば、アイルランド戦の連敗は「ＨＣ解任」の大見出しがスポーツ新聞の一面に躍り、前任者の遺産を継承せずにＷ杯で同組となる相手にいいところなく連敗したＨＣに、厳しい批判の嵐が降り注ぐことになっただろう。

しかし、ラグビー記者はなぜか動きが鈍かった。

第1テストマッチが終わった直後の20日に、私は、ヤフーニュース個人に「ジョセフ流のキックなんか使うな！　ジャパンは蹴らない方が強い！」と題したコラムを投稿し（https://news.yahoo.co.jp/byline/nagatahiromitsu/20170620-00072319/）、第2テストマッチ後の27日にも、「2019W杯で腹の底から笑うために、ジャパンは敗因を徹底分析すべし！」と題して記事を寄せた（https://news.yahoo.co.jp/byline/nagatahiromitsu/20170627-00072591/）。

日本代表が過去のW杯で何度も苦杯をなめる様子を現場で見てきた1人として、アイルランド戦の戦い方に危機感を覚えたからだった。

インターネット上のラグビー記事では、負けた試合の敗因分析は人気がなく、ページビュー（閲覧者）の数がかなり減るのが通例だったが、この2本は書いた本人が驚くほど反響があった（特に最初の「ジョセフ流のキックなんか使うな！……」は通常の3倍近いページビューだった）。

しかも、「よくぞ言ってくれた！」的な反応が素早く返ってきて、多くのファンが「これでいいのか……？」という疑念を抱きながら日本代表を見守ってきたことが伝わってきた。

振り返れば、ジョセフが昨秋のアルゼンチン戦で初采配を振って以来、ヨーロッパ遠征、今春のスーパーラグビーでのサンウルブズのパフォーマンス、アジアラグビーチャンピオンシップ（ARC）、6月のルーマニア戦と、現体制でいくつもの試合が行なわれてきた。すべては19年W杯で好成績を挙げるためだ。

しかし、中間総括に格好の試合となったアイルランド戦に連敗して、この間日本代表は、格下の韓国や香港と戦うARCを除けば、勝利はジョージアとルーマニアから挙げた2つのみ。スーパーラグビーという世界最高峰リーグまで活用しながら強化を続けてきたにもかかわらず、サンウルブズもまた、6月時点で17年の勝ち星は1勝にとどまっていた（7月に勝利を挙げてシーズン通算成績は2勝13敗となった＝16年度を含めれば2シーズンで3勝26敗1引き分け）。

戦術の柱となるべきキックはアイルランド戦ではまったく通用せず、いったいこの8カ月間何をやってきたのか、と首を傾げたくなるぐらい、ジャパンの足を引っ張った。試合を見守るファンの脳裏に刻まれているのは、まったく対極のラグビーをして南アフリカを破った試合であるにもかかわらず、だ。

だから、私は批判をすることが当然だと考えたし、ファンからの反応もまた、私が予測した通りだった。

ところが、27日に、インターネット上にジョセフ擁護論とでも言うべき記事が何本か出た。

まず目についたのが『ラグビーリパブリック』に掲載された「パスでしょ。元アイルランド代表ヒューゴ・マクニール、第2テストを語る。」（竹鼻智　http://rugby-rp.com/news.asp?idx=111558&code_s=1000）で、これは元アイルランド代表の名選手に試合の印象を聞き取って起こした記事だ。

しかし、そのなかで筆者によって語られているのは、

「勝っていればどんな戦術で戦っていようとも誰も疑問を呈することはなく、負ければ誰もがその戦術を疑いたくなる。それが一般ファンの心理。キックを多く使ってアンストラクチャーな状況を作り出すジョセフＨＣの戦い方は、前任のエディー・ジョーンズＨＣが標榜した『ジャパン・ウェイ』とは異なる戦い方だ。

現状では結果が出ていないこともあり、一部からはこのキックを多く使った戦い方に疑問を呈する声も聞こえる」

といった首を傾げたくなるような記述であった。

この記事のなかで、マクニールはこう話している。

「日本はボールをキープしている時が、相手にとって一番危険。（15年W杯の）南アフリカ戦でも見せたように、ボールを徹底的にキープし続けると、相手も嫌でしょう。確かにキック主体のゲームには長所もありますが、個人的には、日本代表は蹴らない方が相手にとって嫌なチームになるのではないかと思っています」

私にとっては非常にまっとうな指摘である。

しかし、筆者はそこにこう続けるのだ。

「『日本代表＝徹底した展開ラグビー』という単純なステレオタイプの観念は、英国やアイルランドの現地メディアにもしっかりと浸透している。中盤で外にスペースのある状況でキックを選択した今回の日本代表のプレーに、『日本はこういう場面で外に大きく回すチームだと思っていたのですが』、『今のは外へパスでしょう！』というコメントが、英国のテレビ放送の解説者からも聞かれた」

この記述では、日本が長い時間をかけて築いてきたラグビースタイルを、筆者が「ステレオタイプ」と切り捨てているようにしか感じられない。

翌28日には、斉藤健仁が、「ラグビー日本代表が『キック』で戦う理由　エディー時代と180度違うアプローチ」（https://sports.yahoo.co.jp/column/detail/201706280002-spnavi）をアップして、ジョセフ流のラグビーをフォローした。

以下は、その記事からの抜粋だ。

「エディー体制では、パス&ランが主体だった。『シェイプ』と呼ばれる陣形を重層的に配置し、選手間の距離を狭くすることで、ボールポゼッションを高めて、攻め続けるラグビーだった。ボールが動く幅は、40～50ｍほどだった。

またジョーンズＨＣは、飛ばしパスを禁止し、オフロードパス（タックルを受けながらつなぐパス）に代表される50／50（※永田注　フィフティ／フィフティの意味）のパスも極力避け、相手を一人ずつ引きつけるクイックハンズ（素早いパス）を良しとしていた。大きな相手に対して、パスを多用することで最低でも1対1の状況を作ろうとしていたわけだ」

「一方のジョセフＨＣの戦術はＮＺ流の『ポッド』であり、15年にハイランダーズをスーパーラグビー優勝に導いたラグビーとほぼ同じ。『人よりボールの方が速い』という考えに基づき、グラウンド中央付近にフォワード3人のユニットを2つ、両サイドにフォワードとBKが一体となった4人のユニットを2つ配置して、フィールドの幅を70mいっぱいに使う。ディフェンスでも広く立っており、ボールを取り返せばすぐにアタックできる利点もある。そしてSH、SOがゲームコントローラーとなって、パスもするが、スペースがあれば自らハイパントやグラバーキックを使って積極的に攻める」

「選手たちは声をそろえてジョセフHCのラグビーは、『スマートだ』、『エナジーをセーブしている』という。その意図は、自分たちより体の大きな相手に対してボールをキープし、コンタクトする回数を増やすと疲れてしまうため、攻撃的なコンテスト（相手と競る）キックを効果的に使う」

私には、ジョセフ流ラグビーの危険性を的確にとらえた言説としか読めないが、最後に引用した段落を読む限り、そうしたラグビーを選手たちが歓迎しているように読める。

しかも、この記事には、次のような一節まであった。

「キックすることで崩れた状態を『ストラクチャー化』することが狙いで、22対50と敗戦したアイルランドとの1戦目の後、前半の戦いを振り返って『50／50の状況がたくさん作れた』とジョセフHCはキックの使い方には一定の評価を与えていた」

どう読んでも、あの惨敗した第1テストマッチを振り返って、「『50／50の状況がたくさん作れた』とジョセフHCはキックの使い方には一定の評価を与えていた」としか読めない。

私は本当に腰を抜かさんばかりに驚いた。

日本が「一か八か」のギャンブル的なプレーを戦術の柱に据えて、本当にW杯で勝てるとジョセフは考えているのだろうか。

勝てると考えているとしたら、即刻日本協会は現職を解任するべきだ。

▼ニュージーランド流のラグビーで日本はニュージーランドに勝てるのか

ニュージーランドで、相手の背後に転がすようなキックや、グラウンドの幅を一本のキックだけで攻め落とすようなラグビーが主流になるのは、選手たちが子どもの頃から自由にキックを使い、アクロバティックなパスを試し、それが成長するにつれて個々の強みとなっているからだ。

3歳からニュージーランドで育った小野晃征《おのこうせい》は、以前、ニュージーランドのラグビーには「特別に練習して合わせたことではないけれども、1人のいいプレーに乗っかっていく力がある」と話し、その理由を「小さいときから楽しく自由にラグビーをやっているから、いろいろな動きが体に染みついているし、いろいろなラグビーを見ているから対応も早い」と説明している（拙著『スタンドオフ黄金伝説』）。

ニュージーランドが強いのは、能力の高い選手に即興性という基盤があって、その上でそうした強みを組み込んだ綿密な戦略が立てられるからだ。だからプレーの引き出しが多く、フィフティ／フィフティのプレーを成功させる力がある。

しかし、日本では、ラグビーはまずパスを放るところから教えられる。そして、いかに組織的に動いて相手防御を破るかに練習時間の多くを割く。いくら現在の代表選手たちの能力が高いとはいえ、W杯までのわずかな時間では、ニュージーランドスタイルのラグビーを学び、取り入れることはできても、その本質にある自由奔放な即興性までは身につけられない。それにもかかわらず、ジョセフは、即興性を導入しようと足掻《あが》いているのだ。

あと2年で即興性まで身につけてニュージーランドをしのぐ強さにたどり着くとは、いくら楽観的な人間でも信じるのは難しい。

日本がパスを多用し、ボールを動かすことが海外の強豪にとって脅威になるのは、長年相互が緻密に連携して動くプレーを磨き、肉体的な弱みや長距離を走り切るスピードに欠ける民族的な性質を補ってきたからだ。

そうした特性を無視して新しい戦術を植えつけようとしても、効果はまったく期待できない――それがスポーツを見る人間の常識だ。

ジョセフに対する疑問はもう1つある。

ニュージーランド流のラグビーで戦う限り、W杯で本家本元と対戦したら、同じスタイルで激突する分、日本は圧倒的に不利な立場に立たされる。それなのに、なぜこのスタイルにこだわるのか、ということだ。

5月10日の抽選でプールAに入った日本は、グループリーグを1位通過すればプールBの2位チームと、2位通過の場合は同1位チームと、準々決勝で対戦する。そう思ってプールBの1位、2位候補を見れば、誰が見ても1位はニュージーランド、2位は南アフリカと予測できる。まあ、その逆の場合も考えられるが、いずれにしても、日本が目標である「ベスト8」に到達すれば、ニュージーランドは現実的に「倒すべき敵」となる。

それなのに、そのスタイルを模倣しているのだ。

ジョセフに、本気でオールブラックスを倒す決意があるのか——その点が信じられない。

前任者のエディーは、オーストラリアで生まれ育った生い立ちからもわかるように、オールブラックスは「倒すべき敵」以外の何物でもなかった。

しかし、ジョセフはオールブラックスで95年W杯に出場し、映画『インビクタス』で描かれた南アフリカとの決勝戦に出場した男だ。常々「日本を愛している」と公言しているのと同様に、母国とその代表チームに誇りを持っていることは想像に難くない。

しかし、W杯で母国と対戦する可能性がある国の代表を率いる以上、HCにとって母国は敵以外の何物でもないし、それを倒すために全力を傾けるのが職責だ。この点は18年秋にオールブラックスとの対戦が予定されているので、いずれそのスタンスが明らかになるだろうが、母国のスタイルを導入しようと試みた時点で、私から見れば「アウト！」である。

小野晃征（中央）。左は田中史朗、右はツイ・ヘンドリック

結局のところ、ニュージーランドの風土のなかでスーパーラグビーのチームを率い、そこで世界最高峰リーグを制した成功体験にこだわるあまり、それが日本代表に向いたスタイルであるかどうかを検証していないのだろう。もっと言えば、それ以外の戦略を考えられなかったから、このスタイルにこだわっているのではないか。

それが、同じニュージーランド人でありながらアイルランドを率いたジョー・シュミットとの決定的な違いに見える。

シュミットは、キックを全員で追い、ピンチには全員で懸命に戻るアイルランド人の特性を織り込みながら選手たちを育て、見ていて好感が持てるチームを作って日本に乗り込んだ。そして、スーパーラグビーでの成功体験にこだわるジョセフのスタイルを見抜いて、きちんと対策を立てて、本来は日本に有利なはずの高温多湿な環境で連勝した。
コーチとしてどちらが優秀なのかは、比べるまでもないだろう。

▼継承されなかった「遺産」

W杯本番まで2年と時間が限られているなかで、ジョセフがなぜ、時間的にも無理があるニュージーランド流のラグビーを導入しようとするのか。

そして、なぜ日本協会は、その〝危険な賭け〟に対して異を唱えないのか。

この、どうにも解けそうにない疑問を解くカギが「反エディー・ジョーンズ」ではないか、と私は考えている。

エディーは在任中に、ウェールズやイタリアといったヨーロッパの強豪から秩父宮で歴史的な初勝利を挙げ、13年11月15日のロシア戦から14年11月15日のルーマニア戦まで丸1年でテストマッチ11連勝という記録を作るなど着々と実績を残したが、一方で、記者会見で歯に衣着せずに厳しい発言を繰返し、ときに日本協会を批判し、大学ラグビーを「レベルが低いオールドスタイル」と決めつけたりした。就任初年度のフレンチ・バーバリアンズ戦では、記者会見で21－40の大敗に力なく笑ったキャプテンの廣瀬俊朗《ひろせとしあき》を、「なにがおかしい!」と叱りつけたこともあった（正確には「Not funny !」と怒鳴ったので「おかしくない!」と訳すべきかもしれないが、聞いていたニュアンスで日本語にすれば「なにがおかしい！」となる）。

問題の所在を即座に見抜き、鋭く課題を指摘し、かつ皮肉や当てこすりも飛び出すのだから、不快に感じた人間もいたのだろう。個人的には、そういう会見の方が当たり前の、差し障りのない勝因／敗因分析が延々と続く退屈な会見よりも、ずっと刺激的で好きだったが、協会の立場から見れば、また違った見方になるのかもしれない。

対照的にジョセフは、言葉にメリハリがなく、毒も吐かないかわりに、実のあることもあまり話さない。負け試合にもかかわらず、必ずポジティブな面（たとえば若い選手がテストマッチにデビューして活躍した、とか）を見つけて、それを強調する。けれども、延々とそういう話をされても、さほど気が長くない私には「でも、負けたんだろ！」という悪態が頭に浮かぶだけだ。

こうした会見の雰囲気に限らず、ジョセフ体制になって明らかになったのは、ラグビースタイルを筆頭に、ことごとくエディーとは対極を行こうとする方針が貫かれていることだった。

どちらのジャパンも取材しているスポーツニッポン記者・阿部令は、7月5日に同紙の電子版『スポニチアネックス』に「レガシー（遺産）は消滅した」という書き出しで始まる「ラグビー日本代表、消えたレガシー　19年W杯へ今すべきこととは」というコラムを寄稿し、15年8月に「エディーさんがつくってくれたラグビーを継承できないと意味がない」とコメントした坂本典幸専務理事の言葉を引きながら、ジョセフ体制の問題点を以下のように鋭く指摘した。

(http://www.sponichi.co.jp/sports/news/2017/07/05/kiji/20170705s00044000170000c.html)

「ジェイミー・ジョセフHCは、エディーのラグビーを継承しているとは言いがたい。戦術は大きく変わった。タックルも海外の大きな選手が嫌がった低さは失われた。代表合宿での練習量は大きく減り、基礎体力や技術のビルドアップよりも、戦術の落とし込み中心の練習に切り替わった。ヘッドスタートと呼ばれた午前6時からのウエートトレーニングは一切行われない。『継承』という後任選びの大前提は反故《ほご》にされ、断絶されたとすら感じるありさまだ」

そして、両者のチーム内での「規律」に対するスタンスの違いを次のように指摘した。

「例えばジョーンズ前HCは、合宿中は完全管理型と言える体制を敷いた。練習時間はきっちりと守られ、選手個々の食事内容に目を光らせる。食事会場への携帯電話の持ち込み、宿舎内では自室以外のサンダル履きが禁止だった。細かいルールはその他にもたくさんあった。一見すれば、そこまでやるかと言いたくなる。しかし4年間のそうした小さな積み重ねが、15年W杯で選手の一体感を生み出し、最も反則数が少ないチームをつくったとも言える。一方で現体制では、そうした厳しいルールはなくなった。昨年11月の代表活動中、15年W杯を経験したあるベテラン選手は、そうした『緩さ』を危惧したという」

つまり、前任者と異なる方針を貫くジョセフ流のチームづくりが、決して日本代表のプラスにはなっていないというのだ。

こうした論調が出てくることを私は歓迎しているが、それでも現状肯定的な記事は後を絶たないだろう。19年W杯まであと2年と迫った今、現状を批判するよりもポジティブな要素をありったけかき集めて「盛り上げる」方が〝国策〟（なにしろ、19年W杯、東京２０２０は、連動してもはや国策になっている）に沿っているからだ。

しかも、専務理事は、16年9月5日のジョセフ就任記者会見で、自らジョセフを「チームジャパン２０１９の総監督」に任ずることを明らかにし、まだ1試合も指揮を執っていない段階で、ジョセフに日本代表どころかサンウルブズやユース世代の日本代表まで、広く日本ラグビーの強化を統括する権限を与えてしまった。

だから、全権を委譲されたHCを批判するのはタブーなのだろう。

しかし、それでは、委譲した相手がその職分を果たす能力に欠けていると判明した場合に、誰がいったい責任を取るのか。

そして、W杯で日本代表が全敗するような事態が起こったときに、誰がその責めを負うのか。「チームジャパン２０１９の総監督」や任命責任者を解任したくらいでは収まらない事態が起こり得ると考えるのは、あまりにも悲観的に過ぎるのだろうか。

とんでもない。

すでに、15年に突如湧き上がった〝ラグビーブーム〟には、いくつか陰りが出ているのだ。

▼花園でもキックかよ⁉

前述の『ナンバー』での対談では、有望な若手を指導する日本協会リソースコーチである野澤が、次のような発言をしていることも目についた。

「最近、ユースの選手たちを指導していても、ジャパンやサンウルブズの真似をして、ディフェンスの裏に蹴る子が増えているんです。『なんで蹴ったの？』と聞いても、明確な答えが返ってこない（苦笑）」

ジョセフ流のフィフティ／フィフティのキックが未来の日本ラグビーを背負うべきユース世代にまで影響を及ぼしているのだ。

事態は予想外のスピードで進展している。

これまで高校ラグビーやラグビースクールの指導者たちが工夫に工夫を重ね、初めて楕円球に触る子どもたちに手取り足取りパスの放り方を教え、それが長い年月に磨かれて世界に誇れるだけのパス技術と、組織的な連係プレーに結実した。

詳細は後述するが、03年のオーストラリアW杯で、結局1勝もできなかった日本が「ブレイブ・ブロッサムズ」と世界で評価されたのも、緻密な組織プレーと、身を挺して巨漢の足下に入る低く鋭いタックルが評価されたからだった。

言葉を換えれば、日本ラグビーの伝統は、肉体的なサイズが世界に比べて小さく、筋力に劣ることや、瞬発力と持久力には優れているが、トップスピードで長い距離を走れないといった日本人の身体的な特性に合わせて形作られたものだ。そして、87年にW杯が始まって以来、世界の舞台で何度も大敗や善戦といった試行錯誤を繰返しながら、それを世界の水準に近づけてきた。

日本的なラグビーとは、日本発祥の伝統を、世界との関係性のなかで磨いたものなのである。

だからエディー・ジョーンズはその特性を生かして勝つことを選択したし、それが成功を収めた以上、後継者もまた、特性を、日々新たに進化する世界に対応させてレベルアップさせ、さらに進化した形の実を結ばなければならない。

日本ラグビーが持つポテンシャルは、W杯を経てガラパゴス化していた閉塞状況を脱し、ようやく全面的に開花できる局面を迎えている。

それなのに、「チームジャパン２０１９の総監督」は、ニュージーランドという自分の立脚点にとどまって考えた戦い方で、開花寸前の伝統を破壊しようとしているのだ。

その大本《おおもと》は批判されて当然なのである。

さらに、前述した野澤のコメントの行間には、新たな心配事が生まれる気配も感じられる。

高校ラグビーにも、あのフィフティ／フィフティのキックが現われるのではないか、という懸念である。

これまで高校ラグビーは、毎年12月27日から翌年の1月7日にかけて東大阪市の花園ラグビー場で行なわれる全国高等学校ラグビーフットボール大会＝通称「花園」が大きな注目を集め、この大会が後の代表選手を生み出す〝巣箱〟になってきた。

大会に大きな注目が集まるのは、全国の予選を勝ち抜いた高校生たちが、1日おきという過酷なスケジュールで、負ければ終わりのノックアウト戦を戦うからだが、それが果たしてスポーツ医学的に正しいのかといった議論はさておき、もう1つ、高校生たちが懸命にボールをつなぎ、数々の劇的なトライを生んできたことも人気の要因となっている。

特に、準々決勝以降の強豪同士の戦いで、ワントライで逆転できるかどうかという場面で、高校生たちが自陣から懸命にボールをつなぎ、プレーを継続してトライを奪おうとする様子は、この大会に批判的な目を注ごうとしても思わずそれを忘れて感動してしまうくらい、魅力的だ。

そして、そんなドラマに魅了されて、毎年新たなラグビーファンが生まれている。

つまり花園は、代表選手を育む場であると同時に、ラグビーの魅力に取り憑かれるファンを育む場でもあるのだ。

その大切な日本ラグビーのホームグラウンドで、あのフィフティ／フィフティのキックが多用されたら、ファンはいったいどんな反応を示すのだろうか。

個人的には、必勝の気持ちが強い高校生たちは、一か八かのキックよりも自分たちでボールを継続することを選択すると確信しているが、他方で、対戦相手と実力差があるような1回戦や2

回戦で、強豪校にいる能力の高い選手がそうしたキックを見事に成功させてもてはやされる様子も、リアルに目に浮かぶ。こうしたプレーは、とっさの事態に対処する能力が高い格上の相手には逆効果となる場合が多いが、対処能力の低い格下相手には見事に成功する傾向があるからだ。

それが、高校日本代表や、その先のU20代表で通用するのならばいいのかもしれないが、現実に日本代表もサンウルブズも使いこなせてはいない以上、将来的な展望は暗い。

観客にとっても、タックルされるか否かというギリギリのタイミングで、高校生たちが練習を重ねてきたパスを通し、抜け出した選手に忠実にサポートがついて、相手の懸命の防御を突き破るといった場面にこそ、カタルシスを感じるのではないか。

▼観客数が減っている！

高校ラグビーではなく、サンウルブズと日本代表の話になるが、ジョセフがハイランダーズとの契約があったために来日できず、マーク・ハメットが双方で指揮を執った16年度と、ジョセフその人が双方に関わった17年度の、ともにスーパーラグビーと6月のテストマッチを比較すると、興味深い事実が浮かび上がってくる。

たとえばサンウルブズの秩父宮ラグビー場における平均観客数は、16年度が1万7千246名だったのに対し、17年度は1万3千984名に落ち込んだ。しかも、17年度に秩父宮で行なわれた4試合を個別にたどっていくと、開幕戦のハリケーンズ戦1万7千553人が最多で、以後はブルズ戦1万2千940人、チーターズ戦1万2千898人、そしてブルーズ戦の1万2千543人と減り続けている。

日本代表も、同じ味の素スタジアムで行なわれた16年6月25日のスコットランド戦（第2テストマッチ）と、17年6月24日のアイルランド戦（同）を比べると、観客数は3万4千073人から2万9千354人に落ちている。16年は、ハーフタイムに天皇皇后両陛下が貴賓席にお見えになる「天覧試合」だったので単純に比較はできないが、19時22分のキックオフに間に合うようにスタジアムに向かっていたファンが、京王線が一時運転を見合わせたためにテレビ観戦に切り替えたといったマイナスの事情もあった。

なにより、16年は豊田スタジアムで1週間前に行なわれた第1テストマッチが2万4千113人で、第2テストマッチはそこから約1万人観客が増えたことになる。これが17年になると、エコパスタジアムで行なわれた第1テストマッチは2万7千381人と前年よりも増えたにもかかわらず、第2テストマッチはそこから2千人しか増えなかった。

スポーツファンは勝敗が最大の関心事だから、キックを使う使わないという問題以前に、16年の日本代表がスコットランドに勝ちそうな雰囲気を漂わせていたから観客が多かったわけだが、それにしても、単純に考えて、第1テストマッチに失望して観戦を取りやめた人間が8千人に上ったとも解釈できるデータが残った事実は決して軽くない。

ファンが求めているのは、15年W杯で日本代表が南アフリカ代表を破ったときの、衝撃的な感動体験だ。

あれ以来、日本代表は、19年W杯の開催国ということもあって、世界の強豪と日本で戦えるようになった。

そして、ポストW杯で「HC代行」が指揮を執る変則的な形が危惧された16年スコットランド戦は、相手がベストメンバーに近い編成で来日したにもかかわらず、南アフリカ戦を思わせるような「勝てる匂い」がグラウンドに漂い、結果的に敗れはしたものの、ファンには満足感が残った。

けれども、そのスコットランド戦のあとに、日本代表が同質の感動を提供できた試合が何試合あったのか。

振り返れば、16年11月のウェールズ戦の善戦が思い浮かぶくらいだ。

17年6月の日本代表は、続出するケガ人に悩まされてベストメンバーを組めず、2年後に同組となるアイルランドとの2連戦という絶好の機会を有効に活用できなかった。エディー体制の遺産をさらに進化させるならともかく、まったく違うスタイルを導入して過去の実績を顧みなかった結果、強化に割ける貴重な時間を浪費してしまったのである。

ジョセフの擁護論者たちは、「難易度の高い自分たちのスタイルを突き詰めた上で挑めるならば、いまは少ししかない勝利の可能性を高めることはできる」(「それぞれが感じたアイルランドとの距離。そしてジャパンの現在地。」ラグビーリパブリック　無署名記事　6月27日 http://rugby-rp.com/news.asp?idx=111557&page=1）と、あくまでも〝ポジティブ〟に、新しいスタイルに希望を託すが、彼らはW杯が時間との闘いであるという厳然たる事実を失念している。

限られた時間のなかで、限りある人的資源をいかに有効に活用して、日本ラグビーが持つ潜在能力を最大限に開花させるか。

今、問われるべきはこの命題であって、あたかも批判をネガティブなものであるかのように扱い、試合で見えたプラス要素を大きく取り上げることで、方向性の誤りを取り繕うことではない。

現実の結果を具体的に見れば明らかに負けているにもかかわらず、「難易度の高い自分たちのスタイルを突き詰めた上で挑めるならば」と、願望に満ちた仮定の上で将来を展望するのは、願望をない交ぜにした精神論でリアルな戦争を戦おうとした第2次世界大戦時の旧日本軍が犯した過ちを、丁寧にトレースするようなものだ。

長く勝てない時代に低迷していた日本代表は、エディーが導入した、徹底した合理主義に基づく「ハードワーク」で袋小路を切り開き、南アフリカ戦勝利という大輪の花を咲かせるに至った。

そのプロセスを知る古くからのラグビーファンも、プロセスなんか知らずに開花の瞬間を目撃してファンになった新たなサポーターたちも、19年に目撃したいと考えているのは15年W杯の延長線上に生まれる「感動」である。

そして、その感動を託すのは、フィフティ／フィフティの状況をたくさん作ることが目的の、キックによる一か八かの〝バクチ的〟ラグビーの、当たり外れでは断じてない。

私たちは、感動に至るプロセスから共感して、19年W杯を迎えたいのである。

では、なぜ劇的な活躍の直後から日本ラグビーは、ふたたび混迷のなかに迷い込もうとしているのか。

次章から、その歴史的経緯と背景をたどってみよう。

第2章

「ラグビー・カレンダー」という魔物

▼サッカージャーナリストからの疑問

2016年度のラグビーシーズンが、17年1月29日の日本選手権決勝戦で終わり、2月25日のスーパーラグビー開幕――それはまた新しいシーズンの開幕でもある――を前にした2月某日、旧知のサッカージャーナリストと盃を重ねた。

こちらのフットボールもまた開幕直前で、2人で来たるべき新しいシーズンへの思いや、前年度のあれやこれやを話すには絶好のタイミングだった。

そこでサッカージャーナリストに、こんな質問をされた。

「ラグビーは、ジェイミー・ジョセフ体制で本当に大丈夫なんですか?」

付け加えれば、彼はサッカーが本職だが、ラグビーにも造詣が深く、ラグビー関連の書籍を編集したキャリアも持っている。私もまた、Jリーグの試合はあまり見ないが、サッカーの代表戦は男女を問わずなるべく見るようにしていて——なにしろメキシコ五輪で日本代表が銅メダルを取った試合を小学生時代に見ているのだ——、お互いどちらのフットボールに関しても話題は尽きないのだった。

だから、彼の質問は単なる興味本位ではなかった。

続けてこう話したのである。

「去年（16年）秋のウェールズ戦（日本30－33ウェールズ）を見て、僕も素直に興奮したのですが、でも、よくよく考えるとあそこまで相手を追い詰めながら結果として勝てなかった。しかも、その翌週にフィジーに負けている（日本25－38フィジー）。そう考えると、果たしてウェールズ戦は本気の相手を追い詰めたのかどうかわからなくなってくるんですよ。

サッカーでも、昨年12月のクラブ・W杯で鹿島アントラーズがレアル・マドリードを追い詰めてみんな大騒ぎしました（延長戦の末レアル・マドリードが4－2で勝利）。でも、試合後に興奮した日本人記者たちがジネディーヌ・ジダン（監督）やクリスチアーノ・ロナウドに〝鹿島の感想は？〟と聞きまくっても、彼らは別に何も感じていないように見えた。実際、レアルにすれば、もっと本物の修羅場をいくつもくぐっているわけですから、それに比べればこの試合は、なんてことのない試合でしょう。ジダンもロナウドも、まったく平然としていましたからね」

そう聞いて私も思い出した。

確かにラグビー日本代表は、11月にウェールズに乗り込み、世界でも有数のラグビー熱狂者が集う街カーディフで同代表とのテストマッチに臨み、試合終了直前にドロップゴールを決められて3点差で敗れたが、戦前の予想を覆す大健闘を見せた。

私もまた、思わぬ展開に興奮したのだが、ただウェールズがいくつかのテストをしたこともメンバーを見て認識していた。

別に日本をなめてメンバーを落としたわけではないし、前キャプテンのサム・ウォーバートンをはじめ歴戦の強者が名を連ねていたが、世界屈指のフルバックであるリー・ハーフペニーをなぜか14番のウイングに起用し、いつもはウイングで起用するリーアム・ウィリアムズがフルバックとして背番号15を背負っていた。

司令塔である10番には、13年6月に暑熱の秩父宮ラグビー場で主力を欠いて日本に敗れたときにも10番だったダン・ビガーの姿がなかった。コンディションが悪くてメンバーから外れたのだが、このビガーが15年W杯で大活躍したことは記憶に新しい。

日本にすれば、もっとも出て欲しくない司令塔が不在で、チームの最後尾を守る砦も、いつもの守護神ではないという、非常にラッキーな巡り合わせだった。

もちろん、それでも日本が健闘した事実は変わらないし、実際にいくつか非常に卓越したプレーを見せて、ヨーロッパの強豪を苦しめたことも事実だ。

しかし、結果は勝てなかった。

その点を冷静に検証しないと、せっかくの善戦健闘が単なる〝名勝負の1つ〟で終わってしまう。昭和の、日本代表が国際試合で勝つことが珍しかった時代ならそれでもかまわないが、現在の日本代表は、15年W杯で3勝を挙げ、さらに19年に自国で開催するこの大会で「ベスト8以上」を狙うつもりでいる。

それを踏まえれば、僅差の敗戦を「惜しかったね」と総括するのではなく、また「選手たちは短い期間でよく頑張った」と健闘をねぎらうのでもなく、必要なのは「なぜ勝てなかったか」を冷静に検証することだ。

そうして、敗戦に至った理由を1つひとつ明らかにしてつぶしていかなければ、次の勝利は望めない。

日本代表で体を張る選手たちも、彼らを指導するコーチングスタッフも、スタジアムで声をからすサポーターたちも、そしてメディアにいる人間も、誰もが望むのは、日本代表が19年W杯で成果を残すことだ。

いつまでも善戦の余韻に浸っている場合ではないのである。

▼5連敗で始まった17年スーパーラグビー

そして、17年2月25日に始まったスーパーラグビーで、サンウルブズはいきなり5連敗と苦境にあえいだ。

原因は明確だった。

15年W杯↓16年度のサンウルブズと日本代表──とチームを支えてきた中核メンバーが、軒並みコンディション調整を理由に、試合に出場しなかったのである。

特に、背番号10を背負ってゲームをリードする司令塔役の田村優《たむらゆう》、攻守に体を張るチームの主軸・立川理道《たてかわはるみち》、スクラムをささえる1番の稲垣啓太《いながきけいた》、チームの最後尾を守ると同時に反撃に転じるや一気に相手防御を切り裂く松島幸太朗《まつしまこうたろう》といった選手たちは、開幕戦から5試合、まったく試合に出なかった。

チームの精神的な支柱であるベテラン、8人のフォワードをまとめてスクラムの要となる2番の堀江翔太《ほりえしょうた》や、フォワードとバックスをつなぐ要の9番田中史朗《たなかふみあき》は、開幕戦から2試合出場したが、その後は後々のコンディショニング（＝体調管理）を考えて、メンバーから外された。

野球で言えば、クリーンアップを打つバッターと、先発を任されるべきエース、そして抑えの切り札がベンチに入らない状態で開幕を迎えたのだ。

勝てないのも無理はなかった。

なぜ、こうした事態が生じたのか。

答えは、日本の〝ラグビー・カレンダー〟にある。

選手たちは、8月下旬から始まるジャパンラグビートップリーグを戦い、日本代表の選手は、その上で11月に国際試合を戦い（世界的に毎年6月と11月は国際試合の期間＝ウィンドウ・マンスとして定められている）、1月のトップリーグ終了まで拘束される。さらに、トップリーグで上位に入ったチームは、格下の大学選手権優勝チームと「日本選手権」を戦うことになる。そして、2月下旬にはスーパーラグビーがスタートし、6月のウィンドウ・マンスを経て、7月中旬のスーパーラグビー最終節までラグビーをやり続ける。

田村優

その間に所属チームでの合宿があり、日々の練習まで含めると、1年間ずっとラグビーボールを追い続けている。高校生が全国大会出場を目指して期間限定で〝ラグビー漬け〟になるならまだしも、企業チームに所属して代表に選ばれるような選手たちが、ブラック企業もビックリのこうした日々を19年W杯まで送らなければならない。

なかでも特に過酷だったのは、15年W杯で活躍した選手たちだった。

彼らは、同年4月から大会直前まで時間のほとんどを代表での強化合宿に拘束され、9月、10月のW杯を経て帰国するや、11月から1月までトップリーグを戦い、さらには日本選手権も戦って、16年2月のスーパーラグビー開幕を迎えた。

さらに、その年の6月には代表としてカナダに遠征して1試合、日本に

松島幸太朗

戻ってスコットランドと2試合戦って、スーパーラグビーの南アフリカ遠征に旅立った。7月中旬にスーパーラグビーが幕を閉じ、ホッとしたのもつかの間、8月にはトップリーグが始まり、11月には日本代表のヨーロッパ遠征があって、1月にシーズンが閉幕するや休む間もなく17年のスーパーラグビー開幕を迎えた。

普通に考えて、既婚者ならば配偶者から離婚を切り出されても仕方がないような状況に彼らはおかれていたのだ。

サンウルブズとすべての日本代表双方に選ばれた選手たちは、この間、イングランド、シンガポール、南アフリカ、オーストラリア、ジョージア、ウェールズ、フランスと次から次へと遠征に出かけ、日本にいる間は所属チームでの活動に参加している。W杯代表メンバーのなかに、そうなることを見越してサンウルブズと契約を結ばなかった選手たちが出たのも無理からぬところだ。ファンにとってはなんとも残念な選択だが、こうした過酷なスケジュールを見れば、そうした選択は理解ができる。しかも、独身の選手たちでさえ、顔を知られてしまったがために、国内にいてもハメを外して呑むことすらできず、日々のトレーニングと試合の重圧に押しつぶされそうになっている。

こうした〝カミカゼ・スケジュール〟を19年まで続けたら、辛うじて生き残った選手たちは確かにものすごく成長するかもしれないが、その何倍もの選手がストレスでつぶれてもおかしくはない。

そうした点を考えて、日本代表の強化母体としても位置づけられているサンウルブズは、主力選手たちを思い切って休ませたのである。

▼選手のコンディショニングとプロモーション

これが、最初からそういう意図を持った措置だとアナウンスされていれば、多くのファンも冷静に受け止めただろう。実際、ファンは彼らを温かく見守っている。

一方、発足したてのサンウルブズや、15年W杯以降の「逆襲」の波に乗りたい日本ラグビー協会は、そうしたラグビー熱を冷ますようなアナウンスには、どちらかと言えば消極的だった。選手たちの休養や調整に関しては、チーム首脳陣から遠征などのたびにアナウンスされるだけで、17年3月から7月にかけての日々を、どういうポリシーで何を目的にしてメンバー調整をするかという明確なアナウンスは為されていない。

それどころか、19年W杯に向けて、ベストメンバーを組めないことを承知の上で日本ラグビーが快進撃を続けるようなイメージを演出し、マーケティング的な成功に結びつけようとしている。実際、17年のスーパーラグビー開幕戦は、対戦相手が前年度チャンピオンとなったニュージーランドのハリケーンズということもあって、主力メンバーが欠けていたにもかかわらず、秩父宮には1万7千人を超える観客が集まった。

しかし、メンバーが主力を大幅に欠いては結果が出るわけもなく、サンウルブズは17－83と大敗した。

HCとしてチームを率いたフィロ・ティアティアは「確かに大敗はしたが、多くの若い選手がスーパーラグビーの舞台にデビューした。そのこと自体が、19年を見据えたときに、日本ラグビーにとって非常にポジティブだった」と前向きに試合を総括したが、客観的に考えれば、マーケティング的には大失敗――というべき試合だった。

しかし、観客は大きな不満を持たなかった。最初から前年最下位（18チーム中18位）のサンウルブズが、優勝したハリケーンズに勝てると考えていなかったのだろう。

しかも、後半にトライを連続して奪われ、さしもの〝ポジティブな〟ファンでさえ押し黙り、誰もが100点ゲームになると諦めかけた試合終盤に、サンウルブズが連続トライを奪い返した。感情のはけ口を見いだせずに沈黙していた観客たちは、溜め込んでいた歓声を一気にはき出し、それなりに満足して帰宅した。

選手たちの頑張りが、アナウンスの至らなさや強気のマーケティング・リスクをカバーして、無難な結論に着地させたのである。

もう1つ、日本のラグビーファンのほとんどがニュージーランド代表オールブラックスの熱烈なファンであり、オールブラックスの主力選手が5名出場したハリケーンズが、彼らにとっても魅力的だった事情もある。

個人的な見解を述べれば、私は旧知のスポーツ紙のベテラン記者といっしょに観戦していたが、「100点ゲームにならなくて良かったね」としか言いようのないゲームだった。

サンウルブズは、その後も開幕戦のメンバーをベースに戦ったが、興味深いのは、こうした主力選手不在のなかでも、世界に通用するメンバーが出てきたことだった。

背景にはこういう事情がある。

15年に日本代表が大ブレイクするや、国内のトップリーグもまた活況を呈した。

観客動員数増加は一時的なブームに終わり、15－16年度開幕当初の熱狂ぶりは沈静したが、ピッチの上では日本人選手たちが、文字通り体を張って高いレベルのパフォーマンスを見せた。

10年前には多くがお遊び気分だった外国人選手たちも、リーグが成熟するにつれ、世界的なビッグネームが真剣にプレーするようになり、それにつられて試合のレベルも上がった。

そうした環境に引き寄せられるように大学ラグビーで有望と見られた選手たちが次々にトップリーグの門を叩き、活躍するようになった。

トップリーグの発足は03年だが、当時は大学を出た選手がいきなりトップリーグで活躍するのは難しく、五郎丸でさえ、ヤマハ発動機ジュビロに入社した当初は、防御に苦しんでいた。

事情が変わったのは、帝京大学が大学選手権の連覇を着々と伸ばした頃からだ。

帝京大は16年度までに8年連続優勝を遂げている。

8連覇は、ラグビー界ではカテゴリーを問わずに最長の連続優勝記録で、毎年メンバーが入れ替わるのが宿命であるにもかかわらず、これだけの長い期間勝ち続けているのは本当に異例の事態だと言える。なにしろ4連覇を達成したあとに入学してきた学生たちが、一度も選手権を失うことなく卒業したのだ。これは学生スポーツでは稀有な事態と言える。

この間に帝京大は、岩出《いわで》雅之《まさゆき》監督のもとでシステマティックなクラブ運営システムを作り上げ、そのなかで学生たちが「打倒、トップリーグ」を目標に徹底的に肉体を作り上げた。しかも、そうしたクラブの姿勢に憧れて、高校ラグビーから有望選手が次々に門を叩くので、主力選手が卒業してもチーム力が低下しない好循環が生まれた。

帝京大に対抗しようと各大学でも体作りが積極的に取り入れられ、その結果、トップリーグでも即戦力となる選手たちがデビューするようになった。

帝京大の連覇以前、たとえば日本代表選手たちがピークを迎える年代は、海外に比べてかなり遅かった。

海外の選手たちが高校を卒業するや、代表選手も含むシニアレベルで試合を重ね、20歳そこそこで実戦経験を積むのに対して、日本では「大学」というカテゴリーのなかで、いわばジュニアレベルの試合を4年間繰返す。だから、大学ラグビーで活躍してそのまま国際試合でも実績を残すことが難しく、突出した才能を持った選手を除けば、テストマッチで活躍するまでに卒業してから2年から3年かかり、さらにW杯で活躍するためには、一度その場に立って強烈な挫折体験を味わい、そこから「W杯で戦うために何が必要か」を4年間追求して、ようやく主力選手となる。必然的に、プレーの上でも精神的にも世界に通じる状態になったときには、30歳という年齢の壁が立ちふさがるようになっていた。

元木由記雄《もときゆきお》、大畑大介《おおはただいすけ》、小野澤宏時《おのざわひろとき》といった「レジェンド」たちでさえ、ピークでW杯に臨めたのは選手生活の中盤を過ぎてからだった。

それが、帝京大の連覇に刺激されて大学生たちの体作りが進んだことで、大学を卒業してすぐにトップリーグで実績を残し、代表に選ばれる選手が増えつつある。最初の世代は、田村たちの世代であり、一学年下の立川以下、有望な選手たちが、若くして世界の舞台を知ることになった。また、そうした選手たちと真剣勝負を繰り広げたことで、他の選手たちのレベルも上がった。そして、彼らに「世界で勝つためには何が必要なのか」を徹底的に教え込んだのが、12年から15年まで日本代表のHCを務めたエディー・ジョーンズだった。

この間、トップリーグでも、多くのチームが南半球からトップコーチを招いて指揮を執らせ、各チームでのコーチングのレベルが飛躍的に向上した。

エディー・ジョーンズの前任者ジョン・カーワンは、「大和魂」を強調し、日本的なラグビーを突き詰めると公言しながら、W杯ではニュージーランドを中心とした海外出身選手を重用し、日本人選手については技術よりも体のサイズを重視する方針を貫いたため、その時点ではまだ日本的なラグビーがどこまで世界に通用するかは未知数だった。しかし、エディー・ジョーンズが「ジャパンウェイ」を掲げて日本的なパスで相手を抜くラグビーにこだわった結果、たとえ体格が小さくても強烈なアピールポイントがあれば、十分に世界で通用することが確認されたのである。

17年のサンウルブズが、主力選手不在のなかでも、そこそこのゲームを過酷な遠征のなかでプレーできたのには、こうした背景があった。

ただし、選手全体のレベルが底上げされ、開幕戦を除けば、どんな強豪にもさほど大差で敗れることがなくなりつつあるとはいえ、17年度のサンウルブズは開幕から5試合連敗しただけではなく、7点差以内の負けに与えられるボーナスポイントも1つしか取れなかった。

日本代表にしても、若手を中心にしたメンバーがアジア諸国と戦ったアジアラグビーチャンピオンシップを除けば、ポスト・エディー体制が始まった16年度は、カナダとジョージアを破ったのみで、成績は2勝5敗。

いくらエディー・ジョーンズの後任、ジェイミー・ジョセフのHC就任が遅れ（正式な着任は16年9月）、体制が整わなかったとはいえ、この成績は褒められたものではない。内容的にスコットランドやウェールズに食い下がったから評価はされているものの、一方でアルゼンチンに大敗し、同格のフィジーに第3国のフランスで完敗した事実は、きちんと総括されるべきだろう。

▼W杯への強化は敗戦の言い訳ではない

敗戦には、そうならざるを得ない理由も、もちろんある。

たとえば、17年の開幕戦に大敗したあとでサンウルブズのフィロ・ティアティアは、準備期間が実質的に18日しかなかったことや、主力選手が間に合わなかったことを指摘し、一方で12名の選手がスーパーラグビーにデビューしたことをポジティブにとらえるよう、記者会見で訴えた。

あるいは、16年11月に秩父宮で行なわれたアルゼンチン代表戦も、相手がヨーロッパ遠征に向かう途中で日本に立ち寄ったことを考えれば、当然ベストメンバーで臨んでくることは予測されたし、15年W杯でベスト4に入ったチームが、来日2カ月前にニュージーランド、オーストラリア、南アフリカの強豪国との真剣勝負「ザ・ラグビー・チャンピオンシップ」を戦ったことも考慮に入れれば、本当にベストの日本代表を組んでも勝てるかどうかわからないゲームだった。それなのに、ジョセフは新しい代表メンバーを多く起用して大敗した（20－54）。

試合に先立つこと2日前のメンバー発表記者会見で、スターティングメンバー15名とリザーブ8名が発表された段階からラグビー記者の多くは惨敗を予測していた。アルゼンチンの戦い方を考えても、個々の選手の能力——世界的にも非常に優れている——を見ても、勝てる要素はまったくなかった。

それを、「19年W杯日本大会に向けて、若い選手が本気のアルゼンチンと試合できたことが財産だ」と総括されては、何か問題をすり替えられたように思うのだ。

そう。

サンウルブズにしても、日本代表にしても、個々の選手たちは、ほぼ持てる能力のすべてを発揮して非常に良く頑張っている。

しかし、それとは別に、「なぜ、ベストの日本代表を組めないのか」、「なぜ、アルゼンチン戦の1週間前までトップリーグの試合を行なうのか」といった構造的問題に関しては、誰もが「仕方がない」というスタンスしか取らない。そういう環境にある日本ラグビーで、19年W杯に向けて若い選手たちが世界に船出したのだからポジティブにとらえて欲しい——というのが、日本協会や日本代表、サンウルブズの強化サイドの意向なのである。

ちょっと待ってもらいたい。

これでは「19年W杯日本大会」が、目指すべきゴールとして語られているようでありながら、実は敗戦の言い訳にされているのではないか——という疑念を払拭しきれない。

19年に日本でW杯が開催されることが確定しているように、アルゼンチン来日も、スーパーラグビーの開幕戦が2月25日に行なわれることも、すべて突然決まったわけではない。事前に予定がわかっていながら、日本協会が日程を調整できなかっただけなのだ。なにしろ、アルゼンチン戦の前週までトップリーグの試合が行なわれていたのである。

問題をもっとシンプルに整理すれば、スーパーラグビーを含めて日本代表強化に直結する国際試合にベストメンバーで臨むことを日本協会が最優先事項として考えているのか。

それとも、口では重要だと言いながら、国内日程の消化を最優先においたのか。

さまざまな理由づけがなされるのだろうが、現象を追えば、日本協会を頂点とする日本のラグビー界は後者を選んだ——ということになる。

それが、この国の「ラグビーの逆襲」の実態なのである。

なぜ、こうした本末転倒な事態が生じるのか。

問題の根っこは「日本選手権」という、ラグビーがマイナー競技だった昭和の時代に生まれたおかしな大会を存続させようとする意志が働いたから――ということ以外に答えを見つけられないでいる。

第3章

アマチュアリズム時代のしっぽ「日本選手権」

▼史上最高レベルの日本選手権

２０１６－17年度シーズンの掉尾を飾る日本選手権は、17年1月21日に準決勝２試合が、29日には決勝戦が行なわれた。

サントリーサンゴリアスとパナソニックワイルドナイツが80分間死力を尽くして戦った29日の決勝戦は、歴史的名勝負だった。

何が名勝負を演出したかと言えば、アンフォースト・エラー＝unforced errorが極端に少なかったことだった。

テニスのテレビ中継でよく使われる「アンフォースト・エラー」は、ときどき「凡ミス」と訳される。確かに相手からの圧力を受けていない状況で（つまり相手からエラーを強いられるような状況ではないのに）ミスしたときに使われるから凡ミスでいいとは思う。思うけど、あまりにもストレートな日本語過ぎて、なんか微妙にちがうような気もしている。

それはともかく、試合が始まってから20分以上、通常は見られるノックオン（ボールを落とすこと）やスローフォワード（パスを前方に投げること）のような、「あ～あ……」と脱力するようなミスがまったく起こらなかった。

おかげでゲームがあまり途切れず、観客は必然的にボールの行方に目をこらす。こうなると、テニスの長いラリーと同じで、本当に息を抜く暇がない。観客は身を固くしてグラウンドに目をこらす状態を強いられる。得点場面が少なく、ロースコアの展開でも、誰も退屈しないような試合——ラグビーではそういう試合が一番面白い。

そして、そういう緊張感のなかでは、アンフォースト・エラーでさえ、一服の清涼剤のように感じられるから不思議だ。

たとえば、この日本選手権決勝で最大のアンフォースト・エラーは、サントリーの7番、オーストラリア代表として111試合に出場した稀代の名選手、ジョージ・スミスがミスキックをしてパナソニックに有利な状況のラインアウトを与えた場面だが、これは息をもつかせぬ名勝負のなかで、唯一クスッと笑えた場面だった。

なにせ世界のラグビー史に確実に名を刻まれるような名選手が、あまり強くない高校のラグビー部員のようなミスをしたのだ。ものすごく貴重な場面を目撃したような気持ちになる。まさに「眼福」だった。

結果はサントリーがパナソニックを15－10と下して、トップリーグに続いて優勝を遂げたが、両チームともトップリーグでは華々しくトライを重ねて勝つチームだったにもかかわらず、80分間を通してトライはパナソニックがキックのチャージから奪った1トライだけ。しかし、見応えは十分で、ラグビーの面白さを至るところでみることができた。

一般的にトライは「ラグビーの華」のように言われ、ルール改正も、テレビ放送の中継を意識してトライが生まれるような方向に為されることが多いが、レベルが高いチーム同士が負ければ終わりという状況で真剣勝負を行なえば、トライはめったに生まれない。

たとえば、クリント・イーストウッド監督の映画『インビクタス』で描かれた95年第3回W杯決勝戦は、開催国南アフリカとニュージーランドが大会史上初めて10分ハーフの延長戦にもつれ込む歴史的名勝負を繰り広げ、15－12で南アフリカが初優勝を遂げたが、この試合は１００分間を通じて双方ノートライだった。

99年W杯ウェールズ大会準決勝オーストラリア対南アフリカ戦も延長戦にもつれ込む死闘になったが、こちらも双方ノートライでオーストラリアが27－21で勝利を収めた。私はこの試合を現場で生観戦したが、トライがなかったにもかかわらずまったく息の抜けない攻防が続き、１００分間はあっという間に過ぎ去った。

防御が整備されていないチーム同士の試合ではトライの取り合いのような展開になり、それはそれで確かに面白くはあるが、ラグビーの醍醐味は、全力でトライを奪いに行くチームを防御側が死力を振り絞って守る、その攻防にある。

その点でも、この日本選手権決勝戦は非常にレベルの高い試合だった。

▼なぜ、大学王者が社会人と戦う必要があるのか?

この日本選手権、出場したのはわずかに4チーム。

ジャパンラグビートップリーグで15戦全勝という完全優勝を果たしたサントリーサンゴリアス、14勝1敗で2位のヤマハ発動機ジュビロ、両チームには敗れたものの、それ以外の13試合を勝ち抜いたパナソニックワイルドナイツの3チームと、大学選手権を制して8年連続大学日本一となった帝京大学だ。

あれ? なんで大学チームが参加しているの? というのが通常の疑問だが、ラグビーは昭和の昔から大学王者VS社会人王者の一騎打ちという形で「日本選手権」を戦ってきた。

前身は「NHK杯」。

つまり、全国ネットの地上波向けコンテンツとして考案されたカードが、いつしか「日本一」を決める試合に格上げされたのである。

ラグビーがまだ国内だけに目を向けていた昭和の時代に、カテゴリーの違うチャンピオン同士が戦うのだから、「どっちが強いのか？」的な興味が関心を呼び、日本選手権は瞬く間にラグビー界の財政基盤を支える黄金カードとなった。

かつて日本選手権は、当時「成人の日」とされていた1月15日に大学選手権優勝チームと全国社会人大会優勝チームの「一発勝負」で行なわれていた。最盛期には今や解体された国立競技場に6万人以上の観客が押しかけ、NHKのカメラが成人式帰りの晴れ着姿の女性ファンを探して映し出すのが〝お約束〟でもあった。

大会の人気を一気に盛り上げたのは、1978年度から始まった新日鐵釜石の7連覇、通称V7だった。特にV5からV7までは、対戦相手が史上初めて大学選手権3連覇を達成した同志社大学で、16年10月に亡くなった平尾誠二《ひらおせいじ》がチームを引っ張った。

釜石にも同志社にも当時の日本代表選手が顔を揃え、試合のレベルもけっこう高かったが、そうした興味以外にも、釜石の活躍はチーム所在地の岩手県釜石市を有名にしただけではなく、日本全国の「地方」から「都会」に働きに出た人たちに郷土愛を思い起こさせ、同志社の活躍は、大学運動部に特有の「体育会的ノリ」から離れた「自由」や「知性」といったキーワードをスポーツファンに思い起こさせた。

釜石が、中心選手であり、キャプテンも選手兼任監督も務めた稀代の名手・松尾雄治《まつおゆうじ》の引退と同時に社会人大会で優勝できなくなり、日本選手権は続く3シーズンで2回も大学チームが社会人王者を破るという番狂わせが起こった。

85年度の慶應義塾大学と87年度の早稲田大学である。

これが、さらに多くのスポーツファンの琴線に触れた。

日本ラグビーを愛好するファンは、いつの間にか大学生が社会人チームを破るという、本来ならあってはならないことを熱望するようになり、また社会人を破ったのだから、学生ラグビーのレベルは相当高いと思われて、もともとファンが多かった大学ラグビーの伝統校同士の試合が「ビッグゲーム」と破格の扱いをされるようになったのである。

▼栄華を極めた大学ラグビーと、混迷を極めた日本代表

かくして、大学ラグビーは、早稲田、慶應、明治大学、日本体育大学といった関東大学対抗戦グループの伝統校に、同志社大学も加えて大きな集客力を発揮した。

80年代初頭に、国立競技場に単一競技の試合として最大の観客数を集めた「早明戦」は、今では誰も信じないと思うが、チケットを入手するために前売り券を買い求める人たちが徹夜でプレーガイドに並び、当日も良い席を確保するために多数の〝徹夜組〟が出た。

驚異的な盛り上がりを見せたのである。

結果的に、日本選手権を主催する日本ラグビー協会や、昭和の時代に大学ラグビーの花形カー

ドだった早稲田大対明治大の「早明戦」を主催する関東ラグビー協会は、特段の営業努力をしなくても国立競技場に6万人を集められる大学ラグビーをドル箱として大切に扱った。つまり、ラグビーのいわゆる「伝統校」出身のOBたちが発言力を持ち、レベル的には彼らを凌駕する（はずの）社会人ラグビーや日本代表には、さほどの力が注がれなかった。

象徴的だったのは、88年11月の出来事だ。

11月19日に香港でアジア・ラグビー選手権決勝戦が行なわれ、アジア王者奪還を目指す日本は、韓国との決戦に臨んだ。

会場は、現在の香港スタジアムに改装される前のガバメントスタジアム——広東語表記は「政府大球場」——の薄暗い照明のなか、夕方から行なわれたこの試合で、日本は13-13で迎えた終了直前に韓国にトライを奪われ、13-17で敗れた（当時、トライは4点）。スコアこそ僅差だが、スクラムは韓国に圧倒され、内容的には完敗だった。

日本から取材に訪れた記者は専門誌から派遣された若い記者だけで、そこには新聞のラグビー担当記者の姿はなかった。彼らは、その翌日に秩父宮ラグビー場で行なわれる明治大対日本体育大の〝大一番〟の取材で忙しかったのである。

その大一番の試合中に、秩父宮の記者席に1枚の紙が回ってきた。

翌90年4月にこの秩父宮で、91年秋にイングランドを筆頭に大ブリテン島とアイルランド島、フランスにまたがって開催される第2回W杯のアジア・太平洋地区予選が日本、韓国、トンガ、西サモアの4カ国で行なわれ、このなかから上位2チームが本大会に進むことを知らせるプレスリリースだった。

ほとんどの記者が、配られたペーパーには目を落としたものの、何事もなかったように目の前で行なわれている明治大対日体大戦に注意を向け直した。

前日に完敗した韓国と、当時すでに大東文化大学に留学生を送り込んでいたトンガ——そのシーズンは、シナリ・ラトゥ、ワテソニ・ナモアが大活躍していた——、香港セブンズ（世界最大規模の7人制ラグビーの大会）で対戦して敗れた西サモア（当時＝97年に現在のサモアに改称＝以下サモアで表記を統一する）。トンガ、サモアと15人制で対戦したことはないが、「そろばん留学生」が日本ラグビーのなかで大暴れしていることを考えれば、勝負は予想がついた。

日本代表が、前年にニュージーランドとオーストラリアにまたがって開催された第1回ラグビー・W杯で、「勝てる」と信じていたアメリカに初戦で敗れ、イングランド、オーストラリアには大敗して3戦全敗で全日程を終えたことや、その秋には、W杯で優勝したニュージーランド代表オールブラックスが来日し、日本代表を0－74、4－106と文字通り粉砕した事実を考えれば、W杯は、はるか遠くの夢物語に過ぎず、目の前の大学生たちの試合がこの国のラグビーのリアリティだった。

世界は、87年のW杯を契機に、従来のアマチュアリズムからフルタイムで競技に打ち込む体制へと大きく舵を切りつつあった。

世界のラグビーを統括する国際ラグビーボード（ＩＲＦＢ＝当時＝その後ＩＲＢになり、現在はワールドラグビー）は、まだ選手がプレーすることで報酬を受け取るプロフェッショナリズムを頑なに否定していたが、オールブラックスは、アメリカス・カップ・ニュージーランド代表を鍛え上げたジム・ブレアをフィットネスコーチに迎えて系統的なフィットネストレーニングを施し、初代世界王者となった。

それを目の当たりにした世界各国は、ラグビーで報酬を得ないというアマチュアリズムの限界を見据え、フルタイムで競技に取り組む環境を整備するようになる。

そんな時代に、日本は「文武両道」の建前で学生たちが繰り広げる大学ラグビーと、社業とラグビーの両立を建前にする社会人ラグビーの王者同士を、毎年1月15日に戦わせることに全力を注いでいた。

87年に第1回Ｗ杯が開催されたというのに、しかも、大会の成功に半信半疑だったＩＲＦＢは冠スポンサーを募り、日本のＫＤＤ（現ＫＤＤＩ）が名乗り出て資金を提供し、成功を収めたというのに、日本のラグビー界は、ラグビー地図の中心が秩父宮や国立競技場であるかのようにドメスティックな大会運営に力を注ぎ、世界のラグビー地図をろくに見ようとはしなかった。

だから、90年4月のＷ杯予選は、開催要項が発表された時点では、さして大きな話題にならなかった。

▼「昭和」から「平成」へ

元号が「昭和」の時代に行なわれた最後の日本選手権は、88（昭和63）年1月15日の早稲田大対東芝府中の組み合わせだった。

早稲田大は、前年12月の早明戦——前日からの積雪にもかかわらず6万人の観客が詰めかけ「雪の早明戦」として知られている——で明治大を破って勢いに乗り、大学選手権を制してこの試合に臨んだ。

メンバーには、1年生ながらレギュラーとなって大活躍した堀越正巳《ほりこしまさみ》や今泉清《いまいずみきよし》がいて、彼らの存在はラグビーを知らないファンの間にも広く知られた。早明戦や大学選手権の準決勝、決勝はNHKが地上波で全国放送するので、認知度が高まりやすいのだ。

一方、東芝は1回戦で優勝候補と言われた神戸製鋼を破り、決勝戦でも3連覇を狙うトヨタ自動車を13－6と破って初優勝を遂げたチーム。こちらは、一般のスポーツファンへの認知度で言えば、早稲田大に比べものにならないほど低く、ある意味「ヒール」に近い役回りだった。

当時東芝の現役選手で日本代表だった向井昭吾《むかいしょうご》は、後にこの日本選手権を振り返って、こう言っている。

「相手のワセダは早明戦や大学選手権で国立競技場の舞台に慣れていた。でも、東芝は、私以外に国立を知る選手がおらず、どこにロッカールームがあって、どういう動線でピッチに出ればいいのか、私が案内したような状態でした。6万人の観客も経験したことがなかったし、まったくのアウェーに近い状態で戦いました」

もちろん、当日の国立競技場には早稲田大の16年ぶりの日本一を願う観客が押し寄せ、東芝は、そうした逆境を跳ね返すことができずに終わった。

22－16というスコアで早稲田大が勝つとラグビーファンは大きな感動に包まれ、4カ月前に同じ会場で日本代表がオールブラックスに100点ゲームで敗れたことなど、誰も思い出さなかった。

昭和という元号のもとでの最後の開催となったこの試合は、まさに昭和の日本ラグビーを凝縮した、象徴的な試合だったのである。

翌88年度は、新キャプテンに就任した平尾誠二率いる神戸製鋼が、決勝で東芝を23－9と破って社会人大会初優勝を遂げ、シナリ・ラトゥ、ワテソニ・ナモアのトンガ人留学生を擁して2年ぶりに大学選手権を制した大東文化大学と対戦。試合に先立つ1月7日に昭和天皇が崩御されたため、元号が平成と変わって初めての日本選手権となった。

神戸製鋼は46－17と初めての日本選手権を制して「日本一」となり、この日から彼らの「7連覇」が始まったわけだが、これ以降、平成となって以来、大学チームが「日本一」となることが途絶えた。

以後、大会のフォーマットは何度も変更されたが、優勝はすべて社会人チームになった。この間、06年2月に早稲田大がトヨタを28－24で、15年2月に帝京大がNECを31－25と破って「金星」と報じられたが、トップリーグでトップ4に入れなかったチームを大学生が破っただけの話で、早稲田大も、帝京大も、次の試合で東芝に敗れて決勝戦にはたどり着けていない。

昭和から平成に元号が変わると同時に、ラグビーは「大学と社会人のどちらが強いか」といった古くさい衣を脱ぎ捨てつつあった。

あくまでもピッチの上では。

神戸製鋼のV7は、その前に同じ7連覇を達成した新日鐵釜石とさまざまな側面から比較された。

時代が変わり、W杯開催を機にラグビーが質的な変化を遂げつつある状況では、この比較にさしたる意味はなかったが――もちろん、釜石と神戸という街の違いや、高卒主体の釜石と大卒がほとんどを占めた神戸製鋼という、チーム作りの違いなど、文化論的には興味深いテーマはさまざまにあったが――、ラグビーにおいて決定的に違っていたのは、日本選手権での大学チームとの得点差だった。

背景には、レギュラーシーズンの試合数の差があった。

神戸製鋼が初優勝を遂げた88年度、関東ラグビー協会は、それまでいくつかの地域ブロックに分けて行なっていた管轄下の社会人ラグビーを、有力な8チームに絞って東日本社会人リーグを結成し、その上位チームに全国大会への出場権を与えるようにシステムを変更した。

それまでの関東の社会人ラグビーは、ブロックを勝ち抜いたチーム同士の出場決定戦を経て全国大会に出場することになっていたため、外部からは非常にわかりづらかった。

また、新日鐵釜石は、秋に行なわれる全国大会出場決定戦を除けば、真剣勝負は全国大会に入ってからで、シーズン本番を迎えるまでにじっくりとチームを練り上げる時間に恵まれていた反面、レギュラーシーズンに競った試合の経験を積めなかった。

事情は関東の他の有力チームも同じで、数試合の公式戦を経て、いきなり負ければ終わりの全国大会に放り込まれる。しかも、かつての社会人大会は、1日おきに試合が行なわれるハードスケジュールが組まれることもあり、練習漬けの日々を送った末に、わずか数試合でシーズンが終わるようなこともあった。

これでは継続的なチーム作りができず、レベルがなかなか高くならないのも当然だった。

東日本社会人リーグは、秋のシーズンに実力を備えたチームが集まり、各チーム7試合を戦うので、全国大会を見据えながらチームを作ることが可能になり、また、強豪同士が切磋琢磨し合うため、レベルも高くなった。

神戸製鋼が所属していた関西社会人リーグは、以前から8チーム総当たり制をとっていて、神戸製鋼も、トヨタ、ワールドといったチームと厳しい戦いをレギュラーシーズンから経験していた。

そこに東日本社会人リーグで鍛えられた関東勢が挑戦してくるのだ。

それらのチームを跳ね返すためには、神戸製鋼もまた、初優勝に安閑としてはいられなかった。

かくして社会人ラグビーが高いレベルで競い合う時代に突入し、そこで一気に大学との実力差が開いた。

▼日本選手権ははるか昔にその役割を終えていた?

平成元年度、つまり89年度の日本選手権で神戸製鋼は、早稲田大と対戦した。

前々回の日本選手権で東芝を破った早稲田大には、神戸製鋼にいい試合を挑むのではないか——もっと言えば、勝てるのではないか——というファンの期待が集まった。

試合前には、両チームのウォーミングアップがスタンド下の狭いスペースで隣り合って行なわれるが、早稲田大は選手たちが大きなかけ声を出して社会人を挑発し、神戸製鋼の選手たちが苛立っているのが見ていてもよくわかった。

しかし、大人のチームは手短にアップを終えると円陣を組み、全員が腰に両手を回して奇妙な行動をとった。

「スクイーズ、ナウ！」というかけ声に合わせて全員がジャンプする。正確に再現すれば、「スクイーズ」で全員が腰を落とし、「ナウ！」のかけ声とともに真上に飛び上がる。

声は天井に反響して学生たちのかけ声をかき消した。

この瞬間に、空気がガラリと逆転し、勝負が決まった。

ロッカールームでは、キャプテンの平尾が檄を飛ばした。

「ワセダを叩きのめせ！　つまらん勝ちならくれてやれ！」

最終スコアは58－4。

戦前の予想を大きく覆す完勝だった。

平尾は、この選手権が始まる直前から、さまざまなメディアから発せられる「日本選手権をどう戦うのか？」といった質問に、うんざりしている節がうかがえた。ラグビーの質がまったく違うのに、なぜ対等の勝負のように質問されるのかに、憤懣《ふんまん》を覚えていたのだ。

早稲田大とのV2をかけた日本選手権は、大げさに言えば、そうした日本ラグビーの空気に対する彼ら〝大人〟の異議申し立てであり、54点差の圧勝は、大学と社会人がもはや同格のカテゴリーではないことを明確に示すものだった。

実質的に、この試合で日本選手権は存在意義を失ったのである。

翌年も、三洋電機との死闘を制して社会人大会3連覇を達成した神戸製鋼は、やはりこちらも早稲田大との死闘を勝ち抜いた明治大と日本選手権で対戦したが、両者ともにそれぞれのカテゴリーで優勝したことで大きな達成感を得ていて、38－15と前年より点差が縮まったにもかかわらず、試合はエキシビションマッチのような雰囲気に包まれていた。

それでも日本選手権は存続し、94年度にはついに100点ゲームが現われた。神戸製鋼が大東文化大を102－14と破ったのである。

これで日本選手権はもはや意味を失った。

日本ラグビー協会も、この大会の見直しに入り、廃止を含む措置が検討された。

しかし、日本選手権は存続した。

社会人チームが複数参加したり、クラブチームの優勝者にも出場権を与えたり、イングランドのFAカップを模したサッカー天皇杯のような形態に手直しを施し、ある年は参加チーム数を拡大し、ある年は縮小して、スーパーラグビーに日本ベースのチームが参戦することになっても、大会の開催をやめなかった。

17年に入ってようやく日本協会は、W杯が日本で開催される19年までと期限を区切った上で、日本選手権をトップリーグの上位4強によるプレーオフとすることを決定し、過密なラグビーカレンダーをいくらかは和らげて、大学対社会人というはるか昔に意味を失っていた図式にピリオドを打った。

平成の世も、天皇退位で終わろうとするタイミングでの決断だった。

▼帝京大8連覇が意味するもの

日本選手権から大学チームを排除する決定を受けて、一部のファンからは「大学ラグビーのレベルアップの機会を奪うのではないか？」という疑問の声が挙がった。

帝京大が「打倒、トップリーグ」を掲げてひたむきに強化しているのに、なぜ日本協会が対戦の機会を奪うのかという声や、各大学が懸命にレベルアップを図ろうとしているのに、なぜ日本選手権に出場する機会を奪うのかといった声が主なところだった。

しかし、これらの意見には、次のような視点が欠落している。

なぜ、日本代表に選ばれたりサンウルブズに所属するようなトッププレーヤーたちが、トップリーグを終えた直後に体を休めるのではなく、勝つことが自明で、しかも負ければセンセーショナルに報道されることがわかりきった試合に出場しなければならないのか——。

NECが帝京大に日本選手権で敗れた直後、日本協会は自らのフェイスブック英語版に「Good Job!」と書き込んだ。在日外国人記者に指摘されてすぐに削除したが、これでは当の主催者が思わず本音——大学生が社会人に勝つことを期待していた——を漏らしたも同然だった。もっと言えば、そのためだけに日本選手権を主催しているのではないか、と勘ぐられても仕方のない事態だった。

ＮＨＫも、大学王者対社会人チームの試合は必ずリアルタイムで放送する。確かに同じカードのリピートとなるトップリーグ同士の試合よりも新鮮味はあるかもしれないが、なんとなく日本選手権が実は「日本一決定戦」ではなく、大学生が社会人を倒すという「番狂わせ」の実現だけが興味の焦点になっているように感じられてならない。

真剣勝負のトップリーグを終えたばかりの社会人チームにとっては、世間から負けを期待される試合に出ることになるのだから、たまったものではない。世間の空気も含めて、コンディションは決してイコールではないのだ。

ラグビーの面から考えても、大学と社会人の実力差が顕著であることは、次のような証言からもよくわかる。

以前、大学チームが選手権優勝チームだけではなく、ベスト4までが出場できるシステムだったとき、大学チームに食い下がられて健闘を許した社会人チーム（もちろん試合には勝った）の選手が、苦笑しながらこう言ったのだ。

「相手のタックルが弱いから簡単に突破して前に出られる。だから、練習で想定したよりも遠いところに密集ができる。おかげでサポートが遅れて、ミスが出たり反則をとられました」

つまり、通常の練習では、チーム内で控え選手たちが防御に立つから、ボールを持った選手はそうそう簡単に前に出られない。防御をつけずに練習した場合でも、大きく前進するのではなく、だいたいこの辺りでタックルされるだろうという地点を想定して、ボールを持った選手が倒れて密集を作る。いや、強い相手と対戦する前は、「なかなか前に出られない」という想定で練習するから、サポートする選手は、比較的近い位置で密集に入る姿勢をとる。

そんな練習を毎日繰返し、サポートの位置を体に叩き込んだ末にタックルの弱い相手との試合に臨むから、ボールを持った選手が想定外に抜けてしまうと、どうしてもサポートが遅れるというのだ。

もちろん、連覇の過程で力をつけた帝京大は、そういうレベルをはるかに凌駕していた。16－17年度の日本選手権に〝最後の大学チーム〟として出場した彼らは、トップリーグのレギュラーシーズンを15戦全勝で勝ち抜いたサントリーサンゴリアスと対戦し、前半終了間際に2トライ（2つともコンバージョン成功）を挙げ、21－21と同点に追いついてハーフタイムを迎えた。最終的には29－54と敗れたが、トップリーグのなかに入れても十分に戦えるのではないかと思わせるような健闘ぶりだった。

なにしろ、勝ったサントリーの沢木敬介監督が、ハーフタイムにテレビのショートインタビューを受けた際にはまったく笑顔を見せず、明らかに怒っていたくらいだ。

前半終了直前に帝京大は、攻め込んだサントリーが落としたボールを自陣ゴール前で拾い、そこから大胆なアタックを仕掛けてフルバック尾崎晟也《おざきせいや》が抜け出し、ウイング竹山晃暉《たけやまこうき》のトライを生み出しているが、これは、このシーズンのベストトライの1つに挙げてもいいような、見事なトライだった。

強い風下でキックを使えない不利な状況を逆手にとり、自陣からボールをつないで大ピンチをトライに結びつけたこのプレーには、彼らのインテリジェンスが凝縮されていた。特に、独走した尾崎が、サントリーの防御が全速力で戻ってくるのを見て、少しスピードを緩めて彼らの注意を自分に引きつけ、最後に走る竹山をフリーにしたプレーは、トップリーグの選手たちにもなかなかできない知的なプレーだった。

もともと個々に才能に恵まれた選手たちが、「打倒、トップリーグ」という目標を掲げて強化したことで、チームのレベルを飛躍的に上げたのである。

そんな帝京大からトップリーグの強豪との対戦機会を奪うなんて、学生のモチベーションが下がるだけだし、可哀想だ——という意見はけっこう出たが、私はまったく逆のことを考えていた。日本選手権に大学チームを残すかどうかよりも、目の前にいる帝京大という素晴らしいチームを、なぜトップリーグに引き上げるような方策が議論されないのか。いったい日本のラグビー界は、彼らの才能と努力に本当に敬意を払う気持ちがあるのか——そう考えていたのだ。

▼帝京大はトップリーグでいいじゃないか

帝京大は、大学選手権3連覇までは明らかに「大学で勝つ」ことをチームの目標に据えていた。特に3連覇目の決勝戦は、立川理道がキャプテンとして率いる天理大学と死闘を繰り広げ、終了寸前にペナルティゴールを決めて15－12で競り勝つという際どいゲームだった。

しかし、それ以降は、連覇を伸ばすことよりも、伸ばすことで当然対戦するであろうトップリーグ勢を倒すことに徐々に目標を切り替えた。

他の大学が、「打倒、帝京大！」とか「大学選手権優勝！」を目標に掲げているときに、帝京大は「打倒、トップリーグ」を目標に据えた。

これは、他の大学が目標を100メートル先において、そこまでボールを投げられるように練習している傍らで、帝京大だけが150メートル先に目標をおいて練習しているようなものだ。

100メートル先を目標にする限り、どんなに頑張ってもボールを100メートル以上投げるのは難しい。たとえ目標を越えたとしても、せいぜいが10メートルだ。ところが目標を150メートル先におけば、目標が達成できなくとも飛距離は110メートルへ、120メートルへと伸びる。

立つ前提が違うから帝京大は強いのであって、言い換えれば打倒帝京大を掲げている限り、その大学は勝てないことになる。

大学という、トップリーグよりも伝統はあるが格下のカテゴリーからこうした志の高いチームが出てきたことを喜ぶのが、ラグビー界のすべきことだ。

そして、そういうチームを、どうやってトップリーグに引き上げるか――そのための方策を練るのが〝大人〟の仕事になる。

――海外には、たとえばニュージーランドのオークランド大学のように、大学の名前を冠したオープンなラグビークラブがあり、そこには在校生だけではなく、近隣地域に住むトッププレーヤーやＯＢも参加している。

帝京大ラグビー部を、そういうオープンクラブにすれば、現在のトップリーグには数多くの帝京大出身選手が在籍しているから、チームで構想外となったＯＢが帝京大に戻ってプレーしたり、早稲田大や明治大のラグビー部ＯＢが、そのラグビースタイルに惹かれて門を叩くといったケースだって考えられる。もっと言えば、たとえば近隣の高校から東京大学に進学した現役大学生が、ラグビーでは帝京大クラブを選ぶといったようなことも起こるかもしれない。

そうした異質な人間たちのなかから選び抜かれた選手が、トップリーグで帝京大の名前を冠して、真の「日本一」を目指す。それこそが、地域や社会に開かれた大学（運動部）の未来形とでも言うべき、画期的な組織になるのではないか――。

――メンバーのなかで帝京大の学籍を持つ選手は、帝京大ラグビー部として従来と同様に大学選手権に出て「大学日本一」を目指して戦い、ときにはトップリーグでの試合も経験して、現役の学生でありながら世界で通用するための能力を開発する。同時に、それぞれ出自も経歴もキャリアも違う選手たちといっしょにラグビーに打ち込むことで、人間教育の上でも大きな効果が見込める――。

そんなプレゼンテーションをして帝京大にトップリーグへのチャレンジを促し、そうすることがお互いにとってウィン―ウィンの関係になると説得することだってできるだろうし、本当に大学ラグビーのレベルアップを考えるならば、未来志向の提案を用意するのが大人の役割だ。

もちろん、学校法人帝京大学が、大学ラグビー部をトップリーグに参戦させたいと考えるかどうかは別問題だし、「いや、そこまで間口を広げるのは理念が違うので……」と断られる可能性も非常に高い。もちろん、それはそれでいいし、大学の理念が優先されるべきだが、案外、話し合いを重ねる過程で、誰にも思いつかなかったような素晴らしい落としどころが見つかる可能性だってゼロではない。

ラグビー界が考えるべきは、そうした大学側の事情を忖度して「こんなこと言ってもムダだろう」と何もアクションを起こさないことではなく、ラグビー部に集まったエリートたちにフォーカスして、彼らをどうやってさらにレベルアップさせ、日本代表に引き上げるかを考えることだ。

格下のカテゴリーを突き抜けるようにして、格上のカテゴリーに匹敵する実力を蓄えたチームが出現したのだ。そのときこそ、どうやってチームを格上のカテゴリーに引き上げるか――または、引き上げるためのチャレンジの場をどう作るか――を考え、提案することが、国を問わず、すべてのラグビー協会に共通する大切な仕事なのである。

繰り返すが、日本選手権における大学チームの扱いをどうするかという議論よりも、日本のラグビー界がもっと知恵を絞らなければならないのは、大学ラグビーという世界でも稀有な、ガラパゴス的なカテゴリーをいかにレベルアップさせるかであって、大学生が社会人を倒すといった内向きなセンセーションを演出することではない。

世界では、高校を卒業すると、有望な選手たちはスーパーラグビーやプレミアシップ、トップ14のような世界最高レベルのリーグ戦に所属する有力クラブと契約し、代表チームに選ばれることを夢見てシニアラグビーの世界に飛び込む。

11年W杯ニュージーランド大会で衝撃的な世界デビューを果たしたウェールズのウイング、ジョージ・ノースは当時19歳。日本ならば、大学ラグビーにデビューできるかどうか微妙な〝下級生〟の年代だった。スーパーラグビーでサンウルブズと対戦する南半球のチームには、20歳、21歳ですでにチームの主軸として活躍している選手たちが多数いる。

一方、この国では、18歳から22歳までの間は、日本選手権に出場しない限り、公式戦でトップリーグのチームと対戦することができない。その間、秋のレギュラーシーズンでわずかに7試合、大学選手権決勝まで勝ち残っても合計で12試合という、トップリーグより少ないゲームだけしか経験できず、おまけに対戦相手は自分と同世代の選手たちだ。

16年度になって、日本ラグビー史上初めて、山沢拓也《やまさわたくや》という筑波大学4年生がトップリーグのパナソニックと契約し、最初は戸惑いながらも力を発揮して活躍した。山沢のケースでは、パナソニックに選手登録すると同時に、筑波大ラグビー部にも籍をおく「二重登録」が可能かどうかが模索されたが、結局二重登録とはならずにパナソニックの試合だけに出場することになった。

しかし、日本協会は、今後は大学世代の有力選手に限って二重登録させて、シーズン中でも大学とトップリーグ双方の試合に出られるよう、検討を進めている。

これはこれで画期的な試みだし、トップリーグの各チームもおおむね歓迎の意向を示している。ただ、二重登録が強豪チームによる若手の「青田買い」になるのではないか、という疑念もないわけではないらしく、これからどうなるかは予断を許さない。

個人的には、それよりも、前述のように大学をオープンクラブにしてトップリーグに参加できるようなシステムを考える方が、ファンの理解も得られやすいのでは、と考えているが、裏を返せば、二重登録が現実味を帯びるくらい、日本の大学ラグビーは曲がり角にさしかかっている。

アマチュアリズムが金科玉条だった時代に「文武両道」を標榜するには、レギュラーシーズンに7試合を戦い、上位に残ったチームだけにチャンピオンシップを戦わせるという大学ラグビーのあり方が最適だったのかもしれないが、今は、19年のW杯日本開催を控えて、多くの選手たちが日本代表に選ばれることを欲している。そして、日本代表は今や決してアマチュアのチームではなく、プロフェッショナルに管理・運営されているチームなのである。

そういう時代に、いつまでも選手たちを同世代が集う「大学」という狭いカテゴリーに閉じ込めておいては、「世界」との差は容易なことでは縮まらないだろう。

▼大学選手権の不思議

大学選手権という大会は、日本選手権同様、ファンが注目する人気イベントである。

しかし、やはりこちらの選手権にも不思議なことがある。

日本協会は、12年度からこの大会を、それまでのノックアウト方式から、セカンドステージ以降は4校ずつ4つのグループに分けて総当たり戦を行ない、上位が決勝ラウンドに進出する通称W杯方式を採用した。

しかし、ファイナルステージと呼ばれた決勝ラウンドには、W杯のような各グループ上位2チームが4強進出をかけて戦う準々決勝がない！

決勝ラウンドは、いきなり1位通過校のみによる準決勝から始まるのだ。

これでは、各グループの2位チームが救われない。

せっかく勝ち越して2位に入ったのに、1位になれなかったがために、3位、4位に終わったチームと同様「敗退」となり、泣く泣く年内でその活動を終える。

トップリーグでは選手たちがまだレギュラーシーズンを戦っているというのに、大学生は、準決勝に勝ち残った4チームを除いてシーズンオフとなり、その4チームも1月2日で2チームに減る。

試合数をこなせばこなすだけ経験値が増し、プレーのレベルが目に見えて上がる20歳前後の才能ある選手たちが、そんなに早く冬休みに入ってしまっていいのだろうか。

選手権が開幕したときには同じレベルだった違う大学の選手が、片や2位で終わってそのシーズンを終え、片や日本選手権まで進んでトップリーグ勢とも真剣勝負を戦うのだ。新年度を迎えたときに、2人のレベルに決定的な差ができていてもおかしくはない。

これでは、大学ラグビーのレベルアップを図るのがそもそも難しい。

なぜ、こんな変則的な方式で大学選手権が行なわれるのか。

NHK地上波が1月2日に準決勝2試合を生中継するから。

それが、理由の1つだ。

日本協会は、03年度に、1回戦で16チームが対戦し、勝ち残った8チームを2つのグループに分けて総当たり戦を行ない、各組上位2チームが準決勝に進むという、かなりわかりづらいシステムに大学選手権の方式を変更した。その際、準決勝が1月10日にずれ込んでしまい、2日にはグループ戦の最後の試合が行なわれたのだが、NHKはこの試合を中継しなかった。

当時、日本協会副会長だった宿澤広朗は、私が「NHKは中継しませんでしたね」と水を向けたときに、「大会が面白くなれば、準決勝が2日ではなくてもNHKから〝中継させてください〟と言ってくるよ」と強気に話していたが、協会の総意は強気発言と正反対の方向に動き、翌年度から従来のノックアウト方式にシステムが戻されて、準決勝は何事もなかったように2日に行なわれた。

昭和の昔から、ＮＨＫ地上波で放送される試合がラグビーの認知度を高め、普及に大きな役割を果たしてきたことは事実だ。その影響力は計り知れない。だからなのだろう、これがトラウマとなったかのように、それ以降は、２日に準決勝を開催するのが「マスト」になっている。

問題は、大学選手権を、準々決勝を行なった上で1月2日に準決勝を行なうようにするには、単純に選手権の開幕を１週間前倒しすれば済むのに、その前倒しを阻む事情がラグビー界に存在することだ。

12月第１日曜日には早明戦があるので、前倒しができないのである。

そんなバカな！――と、普通のスポーツファンは思うだろう。

関東大学対抗戦グループの公式戦に組み込まれているとはいえ、早明戦は、もともとは両校が毎年その日に試合をするよう定めた、いわばプライベートマッチだ。それが、チャンピオンシップの妨げになることなど、通常は考えられない。

なぜ、ラグビー界ではそんな無理筋が通るのか。

実は、毎年11月23日に行なわれる早慶戦は１９２２（大正11）年に、早明戦は翌23年に、最初の対戦が行なわれて以来、今日まで戦争による中断はあったものの、連綿と続いてきた。しかも、2校が毎年同じ日に定期戦を戦うシステムは、ラグビーのルールが成立した19世紀当時のイングランドで行なわれていた伝統的な試合形式を、そのまま日本に導入したものだ。

つまり、ラグビーの伝統は選手権方式ではなく、2校間の対抗戦方式にある――という、今では当のイングランド人でさえ覚えていないかもしれない、いにしえの伝統を守るために日程を動かさないのである（詳しい注釈は93頁参照）。

その一方で、変則的とはいえ、W杯方式が導入されたおかげで大学ラグビーのレベルが着実に上がったこともまた、事実だった。

たとえ準々決勝がすっ飛ばされたとしても、それまでの、負ければ終わりのノックアウト方式に比べれば力の接近したチームとの試合数が増えたのがその理由だ。

ノックアウト方式では、1回戦で負けたチームは涙を流してシーズン終了となったが、W杯方式では、どんな惨敗を喫しようが、最低3試合は戦わなければならない。負けて泣いて終わりではなく、そこから敗戦を総括し、課題を修正して次の試合に臨む準備をする――という、精神的にも非常に厳しい作業が求められる。

この作業こそがレベルアップには必要不可欠なのである。

これまでの日本ラグビーは、旧日本軍と同様に敗戦の総括と課題の修正という作業が苦手で、代表でも負けた記憶や経験を次に生かす試みは非常にレアケースだった。第4章でも触れるが、W杯の場でオールブラックスに145点を奪われて屈辱的な歴史的大敗を喫しながら、試合後に「僕はこれでお疲れさんだね」と言い抜けた日本代表監督さえ過去にはいたほどだ。そういう風土では、負ければ終わりの大会方式は、実は、負けても試合が続く方式よりも、精神的に楽なのである。

また、第1章で述べたように大学卒業直後からトップリーグで活躍できる選手が増えたのも、単に体作りが積極的に行なわれるようになったからという理由ばかりではなく、3週間にわたって厳しい試合が続くこの大会方式が好影響を及ぼしているとも考えられる。

にもかかわらず、16－17年度には、日本選手権開催とスーパーラグビーの準備のために日程を短縮せざるを得ず、元のノックアウト方式に戻された。

前に早慶戦と早明戦、後ろに日本選手権とスーパーラグビーという日程に挟まれて、大学生たちは試合の機会を奪われたのである。

レギュラーシーズンに7試合しか行なわない大学ラグビーが、これでどうやってレベルアップできるのだろうか。

日本選手権から大学チームを閉め出す旨が発表されたとき、「それでは大学ラグビーのレベルアップが果たせない」という声が聞かれたが、繰り返すけれども、レベルアップのネックになっているのは、大学選手権から準々決勝を奪った「伝統の一戦」と日本選手権の存在だ。

大学ラグビーをレベルアップさせるもっとも現実的な方法は、実力が拮抗したチーム同士の試合数を増やすことであると誰もがわかっているのに、それが叶わないのが、この国のラグビーの現状なのである。

ラグビーがまったくのマイナースポーツだった昭和の時代に、大学ラグビーや「伝統の一戦」が起爆剤となってこの競技が広く世に知られることになった功績は確かに素晴らしい。日本代表が惨憺たる成績しか挙げられなかった時代に、ラグビーの存在感を保つことができたのは、まさに大学ラグビーのおかげだった。

しかし、W杯が始まり、日本代表がようやくそこで通用できるレベルとなった今、大学ラグビーが担う役目は人気の起爆剤ではない。人材の育成こそが求められている。

国立競技場で大学選手権が開催されながら、過去に集めた6万人という数字に遠く及ばない集客力しか持てなくなった時点で、大学ラグビーは、抜本的な解決策が練られなければならなかった。それにもかかわらず、さまざまな利害がぶつかり合って解決策を見つけられず、根本的な解決を放置したまま、屋上屋を架すような弥縫策《びほうさく》だけがまかり通る。

そのツケが今、この国のトッププレーヤーたちを苦しめているのだ。

アマチュアリズムの時代は、世界ではもはや完全に過去のものになった。

日本もまた、W杯開催という、究極のプロフェッショナリズムへと足を踏み出したのだ。日本選手権と大学ラグビーの位置づけは、根本から問い直されなければならない。

※注釈　ラグビーもサッカーも、競技の起源は、中世にイングランドなどで行なわれていた「フットボール」という、簡単に言えば「村祭り」のようなゲームにあるが、村祭りである以上、

ルールは村ごとにバラバラで統一ルールは存在しなかった。

そこで１８６３年にルール統一のための話し合いが、主要なパブリックスクールや大学、フットボールクラブが参加して行なわれた（この頃には産業革命で農村が衰退し、フットボールをプレーする主体はパブリックスクールなどの学校が中心になっていた）。ところが、会議が紛糾し、手の使用を主張するグループが席を立ち、会議に残ったチームがフットボール・アソシエーションを名乗ってルールを成文化。これが日本で「サッカー」として知られる競技になった。

席を立った側も、紆余曲折を経て71年にアソシエーション式とは異なるラグビー校式のルールを成文化してラグビー・フットボール・ユニオンを立ち上げ、競技としてのラグビーが成立した。

ところが、この71年にフットボール・アソシエーションが頭文字を取った「ＦＡカップ」という、統一ルールのもとに3チーム以上の複数のチームを集めて、誰が一番強いかというチャンピオンシップ方式を開始し（決勝戦は翌72年）、爆発的なブームを巻き起こした。現在も続く、サッカー最古のカップ戦、ＦＡカップである。

当然、ラグビー・フットボール・ユニオン（イングランド・ラグビー協会）は激怒した。

そして、ラグビーの試合形式を対抗戦方式に限定し、１９８７年に第1回W杯を開催するまで１１６年間、ラグビーの国際試合は選手権方式を拒絶した（日本国内の選手権や、アジア選手権などは〝辺境〟のローカル・ルールだから誰も問題にしなかった）。ヨーロッパ伝統のファイブネーションズも、５協会が相互に対抗戦を行ない、その総合成績で順位を決める方式で、勝ち抜き戦での順位決定はラグビーに存在しなかったのである。なんと、20世紀後半まで！

ここに〝伝統校〟のＯＢが、早慶戦、早明戦の日程を「ラグビーの伝統」として死守する理由がある。

しかし、よく考えてみれば、早稲田大も慶應義塾大も明治大も、伝統を破壊した選手権方式で行なわれる「大学選手権」の優勝を目指して日々練習しているわけだから、そもそもが矛盾した話なのである。それにもかかわらず、これまでそういう〝理屈〟が拒絶されてきたのが日本のラグビー界だった。

日本代表のスクラム

第４章　日本代表の栄枯盛衰

▼日本代表の華々しい世界デビューと挫折

昭和の時代、日本代表は、ＩＲＦＢ旧常任理事国＝イングランド、スコットランド、ウェールズ、アイルランド、フランス、ニュージーランド、オーストラリア、南アフリカのなかから、時折代表または代表に準じるチームと親善試合を戦うのが最高の栄誉だった。

といっても、南アフリカは当時アパルトヘイト（人種隔離政策）への制裁措置として国際交流が禁じられていたため、まったく交流がなかった。ちなみに、南アフリカが国際舞台に復帰したのはアパルトヘイトが廃止された92年からで、ネルソン・マンデラ政権下で行なわれた95年のＷ杯は、クリント・イーストウッド監督によって『インビクタス』というタイトルで映画化されている。

実力的に格下とみられていた日本は、こうした〝伝統国〟の代表とはなかなか試合を組めず、学生代表やU23代表といったジュニアクラスとの対戦が主だった。

日本協会は、これらの試合を、本来は国代表チームの試合を指して使う「テストマッチ」に指定し、真剣勝負を戦った。

結果は、イングランド学生代表やニュージーランド学生代表といったレベルのチームになかなか勝てなかった上に、オックスフォード大学やケンブリッジ大学といった単独チームにもよく負けた。しかも、こうした学生チームとの国際試合をテストマッチと呼ぶ一方で、アジア選手権では、決勝戦を除いてテストマッチとは認めなかった。

昭和最後のシーズンとなった88年には、香港のアジア選手権準決勝で台湾（中華台北の名称で出場）に20－19と薄氷を踏むような競り合いを挑まれたにもかかわらず、決勝ではないという理由でテストマッチと認めなかった。

もし、この試合に敗れていたらその扱いがどうなったのか――代表がアジア選手権に出場して国代表同士の試合に臨みながら、決勝戦にたどり着けなかったら、テストマッチに出場した選手に与えられるキャップはどうなったのか――今考えても答えは浮かばない。おそらくそういう事態を想定していなかったのだろうと思う。

英連邦のチームならば大学の単独チームであろうが代表並みの「おもてなし」をする一方で、アジアの盟主を自称しながらアジアラグビー協会に所属する国々との対戦は、決勝戦以外はテストマッチとして扱わない。簡単に言えばアジア蔑視だし、明治時代の〝脱亜入欧〟というスローガンを彷彿とさせるが、実は、似たような仕打ちを日本もまた、海外の国々からやられていた。その辺りは非常に興味深い。

学生代表でもU23といったエイジグレードでもない〝本物の〟英連邦の代表チームは、71年にイングランド、75年にウェールズ、78年にスコットランド、79年にふたたびイングランド、85年にはアイルランドとしばしばに来日している。そのほとんどが正代表に近いメンバーだったり、これから代表になるべき素質を備えた若い有望選手を含めたチーム編成だったりした。

ところが、どんなにベストメンバーで来日しても、彼らは日本との試合をテストマッチと認めなかった。

どういうことかと言えば、どんなに点差が競ろうが――71年にはイングランドを相手に双方ノートライの3－6という壮絶なゲームもあった――、彼らは日本という極東の島国を、テストマッチを戦うにはまだ格が下だと考えていたのである。

お互いに相手の実力を認め合った上で鍛え上げた力をすべてぶつけるのが「テストマッチ」本来の意味で、日本はまだ世界の伝統国から「いったいどんなラグビーをするのか」「対等に試合ができる相手なのか」といった好奇心で注目されている段階だった。将来的に「テストマッチ」を組める相手かどうか、見極められていたのだ。

もちろん、注目され、見極められること自体が非伝統国にとってはかなり恵まれた扱いで、それが、裏返しとしてアジアへの冷たい仕打ちとなって現われたとも考えられる。

一方で、50点差、60点差がつく試合を「テストマッチ」として認められるのかといった議論もこの時代には世界的にあり、だから日本が伝統国と対戦してもテストマッチとして認められず、日本もそのくらいの点差がつくアジア諸国との試合をテストマッチとしては認めなかった――という側面も確かにあった。これはこれで、ラグビーの論理として筋が通っている。

ＩＲＦＢには、母国イングランドを筆頭に、伝統国だけに通じる仲間意識のようなものがあったが、そのなかでフランスやオーストラリアは比較的リベラルで、フランスは試合内容がテストマッチにふさわしいと判断すれば、日本との試合も正式なテストマッチと認め、逆に日本が準備不足で無様な試合をすれば、一転してテストマッチとして認めなかった。

第２次世界大戦終了後に日本が国際舞台に復帰してから87年にW杯が開催されるまで、それが日本を取り巻く世界のありようだった。


日本が、70年代以降、こうした伝統国の代表と戦えるきっかけを作ったのが、68年にニュージーランドに遠征して、オールブラックス・ジュニアを破ったゲームだった。

当時も今も世界最強国としての自負を持つニュージーランドは、このとき代表が遠征中だった。そこで、代表に準じるチームを日本にぶつけたのである。

ジュニアと言っても、オールブラックスに準じるチームであり、彼らにとっての日本戦は、ジュニアがつかないオールブラックスへの昇格をかけた大切なゲームだった。

大西鐵之祐《おおにしてつのすけ》監督率いる日本は、23－19でこの強敵を破り、さらにこの試合で4トライを挙げる活躍を見せた坂田好弘《さかたよしひろ》（現・関西ラグビー協会会長）は、後にニュージーランドにラグビー留学し、カンタベリー地域代表にも選ばれた。世界有数のラグビー王国で、代表まであと一歩というところまで上り詰めるほど、高く評価されたのだ。２０１２年6月には、その功績をたたえられて、ＩＲＢ（国際ラグビーボード＝現ワールドラグビー）の殿堂入りも果たしている。

このときのジャパンが母体となって、71年には、協会創立百周年を記念した世界ツアーに出たイングランド代表を、東大阪市の花園ラグビー場と東京・北青山の秩父宮ラグビー場に迎え撃ち、第1テストマッチが19－27、第2テストマッチが3－6と、大接戦を演じて見せた。

なかでも第2テストマッチは双方ノートライという緊迫したゲームであり、かつ、日本協会が機転を利かせてスタンドに収容しきれない観客をピッチサイドの芝生に座らせるという粋なはからいをして、歴史に残るゲームとなった。

この時代からすでに、代表が強ければ観客はラグビーを見たのであった。

大西は、「接近・展開・連続」という3原則を打ち出して戦略の核に据え、それが功を奏したのが68年のオールブラックス・ジュニア戦であり、71年のイングランドとの2試合だった。

完全な試合映像が現存するのは花園のイングランド戦だけだが、日本代表を指導していた当時のエディー・ジョーンズは、このビデオを何度も見返して、自身の戦略「ジャパンウェイ」が正しいことを確認したという。

世界的にも、オールブラックス・ジュニアを破ったことが評価されてイングランド来日につながり、そこで双方ノートライの死闘が演じられたことで、今度は73年に日本代表がイングランド、ウェールズ、フランスに遠征することになった。

イングランドはU23代表しか出さなかったが、当時黄金期の真っ只中にいたウェールズは、「レッド・ドラゴン」と呼ばれたベストの布陣で遠来の日本を迎え撃った。ただし、これも正式のテストマッチとは認定せず、日本とウェールズ双方の協会が正式のテストマッチと認めた試合を戦ったのは、それから20年後の93年のことだった。

フランスは、初顔合わせの日本が18－30と健闘したことに敬意を示し、最初の対戦を正式なテストマッチと認めたが、その後、日本がふがいない戦いをした際には、テストマッチと認めなかった。

ちなみに、ウェールズは最初の対戦で64－12と日本に圧勝したが、小気味よくボールを動かす日本のスタイルに興味を示し、83年にも日本を招いている。そのときの日本は、新日鐵釜石の黄金時代で、松尾雄治がキャプテンとして率いたチームは、敗れたものの24－29と食い下がり、それが93年の正式なテストマッチへと結びついた。残念ながら、この93年の日本代表はチームコンセプトがない寄せ集めに過ぎず、率いた監督もまたテストマッチの重みを知らない人間だったので、5－55と大敗し、ウェールズの〝親日派〟を落胆させた。

話を戻せば、日本が73年に初めて経験したヨーロッパ伝統国への本格的なツアーは、68年から始まった日本代表の勃興期の輝かしいエピソードだった。が、同時に、栄光の最後の輝きでもあった。

それ以後、87年までに、来日したイングランドに19－21と食い下がったり（79年＝こちらもイングランド側は正式なテストマッチとは認めていない）、前述のウェールズ戦での健闘はあったものの、初対戦のイタリアに敗れ、ヨーロッパで今も昔も強くないオランダにも敗れるなど、88年11月の韓国戦まで、「昭和」の元号で区切られた時代に、特筆すべき戦果はほとんどなかった。

日本協会はこの間、母国イングランドを中心とする英国勢や、ハカと呼ばれるウォークライを見せてくれるニュージーランドのチームとの対戦に熱心だった反面、地理的にヨーロッパやニュージーランドよりも日本に近く、実力的にも日本と同格ないし格上と見られていたトンガ、サモア、フィジーといった南太平洋の国々とは交流しなかった。

だからこそ、90年4月に東京で第2回W杯アジア太平洋地区予選が行なわれると発表されたときに、報道陣も協会も反応が鈍かった。簡単に言えば、相手がどんな国なのかを、きちんと把握できていなかったのである。

以上が、80年代後半までに、日本のラグビー界がアタマに描いていた世界地図だった。

その世界観には、ヨーロッパとニュージーランド、オーストラリアが確固たる存在として大きな位置を占め、日本ラグビーが初めての海外遠征を行なったカナダや、スポーツ大国ではあるけれどもラグビーでは発展途上のアメリカは視界に入っていたが、南太平洋の島国は、留学生がラグビー場に姿を現すまでほとんど存在すら認識されていなかった。

当然、W杯予選で対戦することが決まっても、相手の実力もラグビースタイルも知らず、ただただ「どうせ勝てないだろう……」といった諦念のなかにいたのである。

そんな日本の事情とは別に、南太平洋のアイランダーたちは、87年の第1回大会でフィジーがグループリーグを突破して準々決勝でフランスと対戦。泡が弾けるようにサポートが湧き出てボールがつながることから「シャンパン・ラグビー」と形容されていたフランスに食い下がり、彼らのお株を奪うようなトリッキーなハンドリングラグビーで世界に愛好者を生み出した。

トンガもこの大会に招待されたが、グループリーグでジンバブエを破っただけで1勝2敗。そして、招待されなかったサモアは、91年の第2回大会出場と、本大会での活躍を密かに期していた。

オールブラックス・ジュニアを破り、イングランドと死闘を演じて世界の舞台にデビューした日本ラグビーは、昭和の終わりには、大学ラグビーが異様な盛り上がりを見せる一方で、自負していた「アジアの盟主」からも転落し、内向き志向にはまり込んでいた。

▼平成の衝撃

1989年5月28日。

元号が平成と変わって初めてのテストマッチが秩父宮ラグビー場で行なわれた。

相手はスコットランド。

同時期に、イングランド、スコットランド、ウェールズ、アイルランドの4協会の代表チーム、ブリティッシュ&アイリッシュ・ライオンズがオーストラリアに遠征していたので、来日したスコットランドには主力選手が参加していなかったし、スコットランド協会も、このチームに「スコットランドXV（フィフティーン）」という名称を与え、代表に準じる扱いをしたものの、この試合を正式のテストマッチとは認定しなかった。

こう書くと、なにやら〝2軍〟感たっぷりの、さほど強くないチームのように感じられるが、日本はまったく同じ状況で来日したスコットランドに、77年には9－74と大敗していた。

スコットランド協会にとって、こうしたツアーは、若手選手を発掘・育成する機会であり、このときのツアーからも後に代表で主力選手となったショーン・リニーンやトニー・ステンジャーが参加していた。

前年秋に、韓国に力負けした日本にとっては、勝利よりも「いかに接戦に持ち込むか」がテーマの試合になるはずだった。何しろ、アジア選手権で監督を務めた日比野弘《ひびのひろし》が敗戦の責任をとって辞任。後任の監督が決まったのが、89年2月という状態だった。

しかし、後任者は、代表監督就任記者会見でいきなりこう宣言した。

「スコットランドには勝てると思います」

宿澤広朗——当時、住友銀行に勤めていて、監督としてのラグビー指導経験はなく、しかも、38歳という異例の若さだった。

宿澤がいきなり勝利宣言をしたのは、単なるハッタリではなかった。

77年から85年まで7年半にわたってロンドンで駐在員生活を送り、その間にイングランド、スコットランド、ウェールズ、アイルランド、フランスが参加する五カ国対抗＝ファイブネーションズ（現在はイタリアを加えてシックスネーションズ）を観戦して、スコットランドについて豊富な知見を得ていた。

当然、スコットランドの主力組が、ライオンズに参加して来日しないことも頭に入っている。

後に宿澤は、「スコットランドに勝つ可能性はゼロではなかった。可能性が30％あれば、それを最大化すれば手が届く」と、この発言の意図を振り返ったが、伝統国との対戦に勝利宣言した監督はこれまでいなかった。

しかも、早稲田大学でスタープレーヤーだった宿澤は、卒業後は社会人ラグビーの強豪チームに進まず、銀行員のまま73年のヨーロッパ遠征に参加するなど、「文武両道」のモデルケースとして注目されていた。

それまで有力大学ラグビー部ＯＢを中心に〝派閥順送り〟のような監督人事を続けてきた日本協会にしては「大英断」だった。

しかし、真実は、必ずしもそこまで明快ではなかった。

89年に日本代表監督を引き受けることは、スコットランド戦のみならず、翌年のＷ杯予選までチームを率いることを意味している。

日本は、87年の全16チームが招待された第1回大会に参加していたが、予選に敗れて第2回大会に出場できなければ、見ようによっては「招待されるに値する実力を持っていなかった」ことを世界に発信することになる。そこまで考えなくとも、世間の注目が集まる上に勝てる保証もないＷ杯予選に監督として臨むことは、自身のラグビーキャリアに対するリスク要因となりかねない。

宿澤自身も、「僕を監督にするなんて、ラグビー協会も相当思い切ったことをすると思ったが、就任後に、何人もの監督候補に断られて僕のところに話がきたと聞いてガッカリしたよ」と当時の心情を明かしたが、監督就任に前向きだったのは、話を打診されてすぐに上司に報告し就任への根回しを始めた宿澤だけだった。

そして宿澤は、「救世主」となった。

そのシーズンに初優勝を遂げたばかりの神戸製鋼でキャプテンを務めていた平尾誠二に、日本代表でも主将就任を打診。2人は、都内で会ってこれから築き上げるべき日本代表像について語り合い、意気投合した。

19歳で日本代表に選ばれながら、83年のウェールズ戦を除けば、フラストレーションの溜まる試合が続き、代表チームの戦い方、選手選考のあり方に疑問を抱いていた平尾は、これで代表でもキャプテンに就任することを決断。それ以後、91年10月に第2回W杯を戦い終えるまで、この監督とキャプテンはラグビーの枠を越えて、日本のスポーツ界を代表する顔となった。

1987年 第1回 W杯

▶開催国　ニュージーランド、オーストラリア
▶期間　5月22日～6月20日
▶優勝　ニュージーランド

日本代表成績　予選プール1
● 18－21　アメリカ
● 7－60　イングランド
● 23－42　オーストラリア

日本代表メンバー

PR		八角　浩司	トヨタ自動車
		木村　敏隆	ワールド
		洞口　孝治	新日鐵釜石
		相沢　雅晴	リコー
HO		藤田　剛	日新製鋼
		広瀬　務	同大
LO		大八木淳史	神戸製鋼
		栗原　誠治	サントリー
		桜庭　吉彦	新日鐵釜石
FL	C	林　敏之	神戸製鋼
		宮本　勝文	同大
		シナリ・ラトゥ	大東大
NO8		千田美智仁	新日鐵釜石
		河瀬　泰治	摂南大助手
SH		生田　久貴	三菱商事
		萩本　光威	神戸製鋼
SO		平井　誠二	神戸製鋼
		松尾　勝博	ワールド
CTB		朽木　英次	トヨタ自動車
		吉永宏二郎	マツダ
		吉野　俊郎	サントリー
WTB		大貫　慎二	サントリー
		沖土居　稔	サントリー
		ノフォムリ・タウモエフォラウ	東京三洋
FB		向井　昭吾	東芝府中
		村井大次郎	丸紅
監督		宮地　克美	東京三洋

話をスコットランド戦に戻せば、宿澤は、ファイブネーションズのスコットランド戦のビデオを集め、自らの目で見て選んだ選手たちに繰り返し見せた。

当時はまだパソコンによるデータ解析ソフトなどなく、ビデオデッキの前に陣取り、早送りと巻き戻しを繰返す原始的な手法だったが、宿澤は、スコットランドがトライを奪われた場面を集中的に見せて、彼らがセットプレーからのアタックで防御を突破されると、そのあとのカバーが遅いことを強調した。日本のバックスなら、スクラムやラインアウトから予め決めた動き（ムーブ）でスコットランドの防御を突破することが可能で、そのままプレーを継続すればトライを奪うことができると、刷り込んだのだ。

選手選考も、従来の大学選手権や社会人大会、日本選手権で活躍した選手を漫然と選ぶのではなく、宿澤が考えたスコットランド戦向けの戦い方に適応できる選手が選ばれた。

それまで「ベテラン」というだけで代表から外されていた林敏之《はやしとしゆき》、藤田剛《ふじたつよし》、太田治《おおたおさむ》といった選手たちが呼び戻される一方で、大東文化大に敗れて大学選手権出場を逃した筑波大学から梶原宏《かじはらひろ》之《ゆき》が、スクラムの強さを評価されて京都産業大学から田倉政憲《たくらまさのり》が、福岡工業大学からサントリーに進んで社会人ラグビーで活躍していた山本俊嗣《やまもととしつぐ》が、それぞれ選ばれた。

しかも宿澤は、代表選手の選考にあたって、関東代表、関西代表、九州代表の3チーム総当たり戦で行なわれる三地域対抗をセレクションマッチに位置づけ、さらにそこで活躍が目立った選手と、これまで代表に選ばれていた選手を、それぞれ三地域選抜と日本選抜というチームに組織して最終的なセレクションマッチも行なった。従来からささやかれていた、日本代表は密室で伝統校出身選手を中心に選ばれていたのではないかという根強いウワサは、この選考でクリアになり、同時に代表入りした選手たちには「オレたちは選ばれた」というプライドが生まれた。

チームは、週末ごとに2泊3日で合宿を重ね、着々と力をつけた。

初めてのミーティングで宿澤からスコットランドに勝ちに行くと伝えられたときには半信半疑だった選手たちも、こうしたプロセスを重ねるうちに疑いを捨てた。

1989年5月28日　秩父宮ラグビー場

日本	28－24	スコットランド
前半	20－6	
3T 1G 2PG		2PG
後半	8―18	
2T		1T 1G 3PG 1DG

日本代表メンバー

PR	太田　治	（日本電気）
HO	藤田　剛	（明治大学ＯＢ）
PR	田倉　政憲	（三菱自工京都）
LO	林　敏之	（神戸製鋼）
	大八木淳史	（神戸製鋼）
FL	梶原　宏之	（東芝府中）
	中島　修二	（日本電気）
NO8	シナリ・ラトゥ	（大東文化大）
SH	堀越　正巳	（早稲田大）
SO	青木　忍	（大東文化大）
WTB	吉田　義人	（明治大）
CTB	平尾　誠二	（神戸製鋼）
	朽木　英次	（トヨタ自動車）
WTB	ノフォムリ・タウモエフォラウ	（三洋電機）
FB	山本　俊嗣	（サントリー）

スコットランドが来日すると、宿澤は選手たちを引き連れて、関東代表戦、関西代表戦、U23日本代表戦、九州代表戦と事前の４試合を観戦し、目の前の光景を解説しながら、自説の正しさを強調した。

かくして89年5月28日、日本代表はスコットランドを28－24と破り、ラグビーを本物の人気スポーツへと引き上げた。

平成元年は、日本ラグビーの大きな転換点となったのである。

▼初体験のW杯予選へ

スコットランド戦の勝利で、ラグビー人気は「大学」の枠を超えて大きく広がりだした。代表でもキャプテンを務める平尾は、数多くのインタビューで日本ラグビーのあり方に言及し、知的なリーダーとして脚光を浴びた。

監督の宿澤とともに、若く知的なリーダーに率られて世界に乗り出そうとする日本代表は、両者の発言がメディアで積極的に取り上げられたこともあって、従来とは違う新鮮さを感じさせた。

しかし、日本ラグビーが、90年４月に韓国、トンガ、サモアとともにW杯アジア・太平洋地区予選を戦わなければならない現実は厳然としてあり、これに敗れてW杯連続出場が途切れるような事態が起これば、またラグビー人気が「大学」という狭いカテゴリーのなかに引きこもってしまうことも予想できた。

日本ラグビー協会は、89年夏にトンガ・サモアの両国に、AジャパンXVという名前で代表に準じるチームを送り、彼の地で同格の相手と試合を行なうことを決定した。宿澤の言葉を借りれば、「相手に手の内を知られるリスクと、相手の情報を得るメリットを比べて、メリットの方が大きい」と判断してのことだった。

また、宿澤は、「スコットランド戦のメンバーが正代表」と言明し、Aジャパンには1人も選出せず、代わりにカナダのバンクーバーで強化合宿を張ることにした。宿澤たちコーチ陣は、南太平洋の島国で、これから代表の座に挑戦する若手たちのパフォーマンスを見守り、その足で赤道を越えてカナダに乗り込んだ。

南太平洋への遠征では、サモアの地域選抜チームに1勝しただけで、通算成績は1勝2敗だったが、スコットランド戦当時「語学留学」などの名目で、日本を離れてニュージーランドにいた選手たちを試合で試し、これから伸びるであろう選手たちを見極めた。

それ以上に、両国とも巨漢フォワードを揃え、非常に激しいコンタクトを好む〝フィジカルなラグビー〟をしてくることが明確になった。さらに、第1回W杯に招待されて参加したトンガよりも、招待されなかったサモアが第2回大会への出場に積極的で、ニュージーランドとの交流で培ったパワフルなラグビーが日本にとって脅威になりそうなことも現地で確かめることができた。

メリットは確かにあったのである。

一方の代表は、バンクーバーで、実質的にカナダ代表に近いブリティッシュ・コロンビア州代表と試合を行ない、完敗している。

スコットランド戦のように、ターゲットを絞り、相手を分析して緻密なアプローチをしない限り、まだ日本は海外のサイズに上回るチームに勝つのは難しいということがわかったのも、また収穫だった。

秋に国内シーズンが始まると、各チームの公式戦が終わる日曜日の夜に選手が集合して月曜日に簡単なミーティングと練習を行なうミニ合宿以外に代表活動はなくなった。その代わり、コーチ陣は、全国各地で行なわれる社会人の試合に足繁く通い、代表選手たちのコンディションや、夏の南太平洋遠征で目をつけた選手たちのパフォーマンスをチェックした。

シーズンが、神戸製鋼の日本選手権2連覇で終了すると、宿澤は、神戸での合宿を皮切りに本格的にチーム作りに乗り出した。

2月には、トンガ、サモア両国と毎年3カ国で定期戦を行なっているフィジーが来日。4月の予選に向けて、力を試すことになった。

フィジーは、87年の第1回W杯でベスト8に勝ち残り、フランスを慌てさせたことで注目の的となったチームだ。大胆なパス攻撃とトリッキーなランニングでトライを奪う彼らのスタイルは、「フィジアン・マジック」とも形容され、日本にとっては非常に戦いづらいチームだった。

日本は、フィジーに1勝もできなかったが、収穫はあった。

3月4日に行なわれた最終戦では、日本代表とフィジー代表が史上初めてテストマッチを戦い、結果は6－32と完敗だったが、フォワード戦は日本が圧倒し、ゲームを終始優勢に進めた。それにもかかわらず、フィジーが大差をつけて勝ったのは、日本が攻め込んでミスしたボールを手にするや、彼らは自陣深くからでも積極的に攻め、信じられないようなランニングとパスで日本の防御を翻弄したからだ。

フィジーは、このときから26年後のリオデジャネイロ五輪で、史上初めて正式種目に採用された7人制ラグビーで金メダルを獲得し、国を挙げてのお祭騒ぎを繰り広げたが、彼らはトリッキーなパスを駆使してトライを奪うことがその国民性に合っていて、ボールをつないでの攻撃力は世界有数のチームだった。

宿澤は、試合後に記者に囲まれて1カ月後に迫ったW杯予選への手応えを訊かれたが、「突破の可能性は五分五分、という状況は変わらない」と話すにとどめた。その一方でフィジーのラグビーを賞賛し、「近くにこんな素晴らしいラグビーをする国があるのに、これまで日本が交流しなかったのが不思議だ」と語った。

確かに、それは秩父宮に集まったファンも、テレビの前で試合を見つめたファンも、抱いた感想だった。

ゲームの8割方を押し込まれ、苦しい防御を強いられながら、それでも驚異的なスピードで戻ってピンチを防ぎ、ひとたびボールを手にするや、相手のタックルをヒョイヒョイとかわしてボールをつなぎ切る。91年W杯でフィジーは、フォワード戦が弱いことを衝かれて、フランス、カナダ、ルーマニアに3連敗し、その後は世界で戦うために戦略を練り直す時期があったが、今でもこの魅力的なスタイルは引き継がれている。

閑話休題。

宿澤は、フィジーを相手に日本のフォワードがスクラムやモールで圧倒したことに着目していた。

そこでさまざまなツテをたどり、テストマッチの直後に行なわれたフィジー対トンガ戦のビデオの入手に奔走して、予選前についに入手した。

ビデオには、日本に圧倒されたフィジーのフォワードが、逆にトンガのフォワードを圧倒する様子が映っていて、それが宿澤の自信を深めた。さらに、しばらく逡巡した後に、選手たちにも同じビデオを見せた。選手たちは、自分たちが圧倒したフィジーに押されるトンガを見て、歓声を上げた。

かくして、予選の準備が整いつつあった。

対戦は、トンガ、韓国、サモアの順番で、宿澤は初戦のトンガ戦に全力を注いで勝ち、その勢いに乗って韓国を破って予選突破を決める心づもりでいた。実力的に頭1つ抜けているサモアとの対戦が最後というのも、日本にとっては非常に幸運だった。

▼本物のテストマッチ

ともに勝利を宿命づけられたかのように、現役時代に華々しい戦歴を残した宿澤―平尾コンビの強運は、W杯予選でも発揮された。

初戦のトンガ戦を前に宿澤は、「晴れて欲しい。晴れて、寒くなってくれればベスト」と記者たちに話していた。南太平洋から来日したトンガ代表を意識した発言だったが、当日の4月8日、東京地方は朝から嵐のような悪天候に見舞われた。

日本対トンガ戦のキックオフは午後2時。その前には、サモア対韓国の試合が行なわれていた。ところが、第1試合開始時には土砂降りだった雨が、試合の終盤には小やみになって、ついには雲が切れ始めた。

雨に出足をくじかれたファンが、それでも傘を手に秩父宮ラグビー場を訪れた1時45分前後には、青空が姿を現し、2時のキックオフを迎える頃には、空は晴れ渡っていた。

強運。

――気象の変化でさえ、そう思い込ませるような偶然が、この2人にはついて回るのだ。

89年のスコットランド戦当日も、「晴れて蒸し暑くなれ」という2人の願いを天が聞き届けたかのように、雨の予報が蒸し暑い晴天に変わっていた。

そして、悪天候に出足を妨げられながらも集まった約2万人の観客の前で、日本はトンガに完勝し、W杯出場に大きく前進した。

第2戦の韓国戦は、11日水曜日に行なわれたが、平日午後の試合にもかかわらず、秩父宮にはやはり2万人近い観客が詰めかけて、予選突破の瞬間を待ち受けた。

試合は、しかし立ち上がりから韓国ペースで進んだ。

劣勢に立たされた日本は、キャプテンの平尾がボールを持つと、厳しいタックルを覚悟の上で韓国防御に挑みかかり、これを覆そうとした。

そして、後半の立ち上がりに、カウンターアタックを仕掛けた吉田義人《よしだよしひと》からパスを受けた平尾が大きく抜け出し、シナリ・ラトゥのトライに結びつけた。

これでペースを取り戻した日本は、その後は危なげなく得点を重ね、韓国を破ってW杯出場を決めた。

秩父宮に集まった観客は、試合が終わっても興奮が冷めやらず、選手たちが着替えて出てくるのを待ち続けた。やがて宿澤がひょっこりと姿を現すと、興奮したファンが群がって、この小柄な監督をスタンド下で胴上げした。

スコットランド戦勝利の直後に選手たちに胴上げされた監督は、今度はファンの手によって宙に舞ったのである。

仕事を抜け出したサラリーマンや、始業式直後の学校を抜け出した高校生ラグビー部員たちが、その主体だった。

後年宿澤は、この日を振り返ってこう言った。

「あの日、秩父宮を訪れたファンは、本当の意味で日本ラグビーのサポーターだった」

続く15日にはサモアに敗れ、日本は2勝1敗の成績に終わったが、サモアが1位で、日本が2位で予選を通過し、ともに91年にイングランドをメイン会場に、大ブリテン島及びアイルランド島からフランスにまたがって開催される第2回W杯に駒を進めることになった。

1991年　第2回　W杯

▶開催国　イングランド、スコットランド、ウェールズ、アイルランド、フランス
▶期間　10月3日〜11月2日
▶優勝　オーストラリア

日本代表成績　予選プール2
● 9－47　スコットランド
● 16－32　アイルランド
○ 52－ 8　ジンバブエ

日本代表メンバー

PR	太田　治	日本電気
	木村　賢一	トヨタ自動車
	田倉　政憲	三菱自工京都
	高橋　一彰	トヨタ自動車
HO	薫田　真広	東芝府中
	藤田　剛	日本IBM
LO	林　敏之	神戸製鋼
	エケロマ・ルアイウヒ	ニコニコ堂
	大八木淳史	神戸製鋼
FL	梶原　宏之	東芝府中
	宮本　勝文	三洋電機
	中島　修二	日本電気
	大内　寛文	龍谷大(元リコー)
NO8	シナリ・ラトゥ	三洋電機
SH	堀越　正巳	神戸製鋼
	村田　亙	東芝府中
SO	松尾　勝博	ワールド
	青木　忍	リコー
CTB	Ⓒ平尾　誠二	神戸製鋼
	朽木　英次	トヨタ自動車
	元木由記雄	明大
WTB	吉田　義人	伊勢丹
	増保　輝則	早大
	松田　努	関東学大
FB	細川　隆弘	神戸製鋼
	前田　達也	NTT関西
監督	宿澤　広朗	住友銀行

日本が対戦する相手は、スコットランドとアイルランド。そして、ジンバブエが有力視されているアフリカ地区代表だった。

伝統国と、今度こそフレンドリー・マッチではない真剣勝負に臨めるステージまで、日本は1年にも満たない短期間で駆け上がったのである。


91年10月5日。

日本代表は、スコットランドの古都エディンバラで第2回W杯の初戦に臨んだ。

対戦相手は、ホームのスコットランドだ。

89年には、ライオンズに選ばれて来日しなかった主力メンバーがすべて顔を揃え、90年のファイブネーションズで宿敵イングランドを破って優勝したときと、ほぼ同じメンバーだった。

試合前には、スコットランド・ラグビー協会のパトロンであるアン王女がピッチに降りて両チームの選手と握手を交わし、会場のマレーフィールドには5万人の観客が詰めかけた。

両国のアンセムは、バグパイプで演奏され、本場で行なわれる本物のテストマッチの雰囲気が、いやがうえにも醸し出される。

日本は、前半は簡単なトライも許したが、アタックに転じるとシャープな動きでしばしばスコットランドを脅かし、終了間際には、スクラムからのアタックで細川隆弘《ほそかわたかひろ》がトライを奪い、自らコンバージョンを決めて9-17で折り返した。

後半も、立ち上がりは日本が押し気味に進めたが、速攻を仕掛けたところでボールを奪われ、そこから切り替えされてトライを奪われると、あとはスコットランドが一方的にトライを重ねる展開となった（9－47）。

第2戦は、アイルランドに飛んでダブリンのランズダウンロードでアイルランド代表と対戦し、こちらも16－32で敗れた。

宿澤は、最後に対戦するジンバブエも含めて、日本は3戦で「1・5勝」する力があると大会前に話していた。

ジンバブエに勝つのは当然としても、スコットランドかアイルランドのどちらかには、最後にコンバージョンが入るか入らないかで勝負で決まるような接戦を挑む心づもりでいたのだ。

しかし、その目論みは破れ、北アイルランドのベルファスト——当時、アイルランド紛争の真っ只中にあって、街中を完全武装の英国軍が巡回していた——で行なわれた最終戦で、ジンバブエに52－8と快勝したのにとどまった。

宿澤は、「日本代表の戦い方はこのままでいい」と全日程を終えてから総括した。

バックスでボールを動かしてトライを奪う日本の戦い方を継続しながら、この大会で課題となったフォワードのサイズやパワーの欠如といった問題を次の4年後に向けて解決するなら、日本が世界の列強に追いつく日も「そう遠くない」と、自らの手応えを明かしたのだ。

確かに戦い方が次の指導者に受け継がれ、強化の細かい部分をさらに突き詰めれば、世界の背中に手をかけるのもそう遠くないのでは――と感じさせる部分が、この日本代表にはあった。
しかし現実は――強化の継承はまったく行なわれなかった。

▼暗黒期に日本が失ったもの

宿澤からバトンを受けて日本代表監督に就任したのは、新日鐵釜石で監督経験のあった小藪《こやぶ》修《おさむ》だった。

小藪は、91年W杯での日本代表がどのようにしてW杯初勝利を挙げ、スコットランド、アイルランドといった強豪に挑んだのかを詳しく検証するのではなく、自らが理想とするチームを作り上げようとした。つまり、フォワードの力でも海外の強豪に対抗できるチームを目指したのだ。

方向性は、それで間違いではないのだが、両者には決定的な違いがあった。

それが、情報に対する向き合い方だった。

93年4月。

日本ラグビー界初のアルゼンチン遠征を前に合宿していた日本代表を取材したが、そのとき私は、小藪にこんな質問をしたことがあった。

「遠征を前に、91年W杯でのアルゼンチンの試合をご覧になりましたか?」

私としては、見ている前提で、その感想と、そこから導かれる日本代表の戦い方や方向性を探ろうとしたのだ。だから質問は、軽い枕ぐらいのつもりだった。

「いや、見てない」

というのが、監督の答えだった。

これには聞いた私が驚いた。

91年W杯は、NHKがBS放送で全試合を放送していて、私もいろいろ人に頼んだりして何とか全試合をビデオに録画していた。そのなかには、アルゼンチンの3試合が当然含まれているし、彼らは3戦全敗に終わっていたが、優勝したオーストラリア、古豪ウェールズ、ウェールズを地元で破ってベスト8に勝ち上がったサモアと、3試合続けて非常に競ったゲームを戦っていた。

全敗だからといって日本より実力が劣るとは到底思えなかったし、選手の入れ替えが多少はあるにせよ、初めて対戦する相手の〝傾向と対策〟を探るには格好の素材がビデオなのである。

しかし、小籔は、うるさそうに「なんか1試合は見たよ」と吐き捨てるように言い残して去って行った。

それは、W杯アジア・太平洋地区予選を前に、ありとあらゆるツテをたどって、トンガに住む日本人からトンガ対フィジー戦のビデオを取り寄せ、試合を見ながら手応えを感じると同時に、それを選手に伝えるべきか否か熟慮を重ねた前任者と、決定的な違いだった。

宿澤は、とにかくどんな情報でも欲しがった。

90年秋にアメリカ代表が来日し、日本は結局敗れたのだが、その前の夏合宿の折にも、専門誌にオーストラリア人記者が寄稿したオーストラリア対アメリカ戦の観戦記を、翻訳が掲載される前に原文を入手し、目を通した。

その記事にたいした情報はのっていなかったが、宿澤は、情報の価値を見極め、取捨選択するのはあくまでも自分であるという前提に立って、どんな細かい情報にも貪欲に目を通そうとした。それを知るだけに――そして、宿澤の情報収集がいかに効果絶大かを2年半近く見てきただけに――「大丈夫なのか、このジャパンは……?」という思いが募ったのだった。

5月のアルゼンチン遠征は、15日、22日と行なわれたテストマッチ2試合に連敗した。両国最初の対戦となった第1テストマッチは、前半にアルゼンチンが圧倒的に攻勢を仕掛けたものの、ジャパンも着実に失点を取り返し、最終スコアは27－30。終盤に細川が狙ったペナルティゴールが入っていれば同点というクロスゲームになった。

試合翌日、小藪は、私に現地の新聞を見せてこう言った。

「見出しは"Lesson of Japan"だよ。スクラムハーフの堀越(正巳)がボールを素早くさばいた日本から教訓を学べ、と書いてあるんだ」

敗れたにもかかわらず意気軒昂であり、「最初にアルゼンチンのフォワードに押し込まれたときは、選手たちも慌てたと思う。でも、それが彼らのやり口なんだ。ヤクザが交渉の席でいきなり灰皿を机にたたきつけて脅かすのと同じやり口だよ」と、試合の序盤を振り返った。

私は、スポーツ新聞と専門誌、そして一般週刊誌に原稿を出すことになっていたが、もちろんその〝総括〟は送らなかった。私自身、なぜヤクザが比喩に出てくるのか理解できなかったし（たぶん、わかりやすい例としてあげたのだとは思ったが）、日本のフォワードが、最初はアルゼンチンの猛烈なプレッシャーに苦しみながらも、徐々に圧力に慣れ、ボールが動き始めるにつれて、日本がペースを取り戻すのは、見ていればわかった。監督のコメントとして私が聞きたかったのは、選手たちがボールを動かそうと決断したのは、監督の指示なのか選手たちの判断なのか、ということだった。

そして、そうした総括以上に、1週間後の第2テストマッチに向けて、惜敗した試合をどう分析して課題を修正するか、ということを聞きたかった。

しかし、記憶をほじくり返しても、そこで具体的なコメントが得られた思い出はない。

果たして第2テストマッチは、20-45とアルゼンチンが快勝した。

確かに小籔が話したように堀越のパフォーマンスは現地のラグビー記者からも賞賛されていたし、第1テストマッチに出たアルゼンチンのスクラムハーフは、さほど上手いとも思えなかった。だから、アルゼンチンは第2テストマッチでもっとパスが上手いスクラムハーフを起用したのだが、それだけで3点差が25点差に開いたのであれば、日本側はいったいどんな対策を立てたのかが疑問に残った。

その年の10月に行なわれたウェールズ遠征では、73年、83年と10年おきに日本を招き、その間に日本が14－62という大敗から24－29と接戦を挑めるようになったことを高く評価したウェールズ協会が、日本との対戦を史上初めて正式のテストマッチと認めることをアナウンスした。

ニュージーランドを筆頭に、母国イングランドなどの伝統国と熱心に交流しながらも、同格の相手と認められなかった日本が、すべての試合が正式のテストマッチと認定されるW杯以外の場で、ウェールズ協会から初めて同格の扱いを受けたのである。

この破格の扱いに応えるには、24－29という10年前のスコア以上の健闘を見せなければならない。それも、おそらくはベストメンバーで臨むであろうウェールズを相手に、だ。

しかし、日本の企業チームでプレーする外国人選手をかき集め、代表を編成したものの、スコアは5－55という惨敗だった。

日本国内では抜群の破壊力を誇る「強い選手」を集め、力で強豪に対抗しようとしても、世界の基準から見れば、彼らは普通の強さを持った選手でしかなく、相手を混乱させ、パニックに陥れるような戦略がなければ日本は惨敗するという、誰が考えても当たり前のことを証明しただけで、この遠征は終了した。

それでも小籔は解任されず、94年には、マレーシアのクアラルンプールでW杯・アジア地区予選を勝ち上がって、95年にネルソン・マンデラ政権下の南アフリカで行なわれる第3回大会の出場権を得た。

対戦相手は、順に、ウェールズ、アルゼンチン、ニュージーランドだった。

しかし、迷走に迷走を重ねた小藪ジャパンの行き着いた先は3戦全敗であり、今もW杯の大会記録となるニュージーランド戦の17－145という歴史的な惨敗だった。

以下は、15年W杯開幕を前に刊行された、『ナンバープラス　ラグビーW杯完全読本　2015桜の決闘』（文藝春秋）に、『巻頭言』として私が寄稿した一節だが、この大会を振り返って改めて何かを論じるよりも、これを読んでいただいた方が、惨敗の本質がご理解いただけると思う（以下、引用は掲載時の原文ママ）。


日本はW杯をなめていた。

1995年第3回W杯南アフリカ大会。

145点を奪われたニュージーランド戦だけが突出して悪かったわけではなかった。初戦の前から願望に満ちた甘い分析がチーム内に充満し、高をくくったような空気が練習グラウンドを覆い尽くしていた。

あるベテランは真顔でこう言った。

「スクラムトライを狙えるんじゃないか」

南ア入りして以来、真剣なスクラム練習をほとんどせず、フロントローに誰を起用するか決めあぐねて、初戦の3日前に現地のチームと急遽スクラムを組むようなドタバタ劇を演じ

1995年 第3回 W杯

▶開催国　南アフリカ
▶期間　5月25日～6月24日
▶優勝　南アフリカ

日本代表成績　予選プールC
● 10－57　ウェールズ
● 28－50　アイルランド
● 17－145　ニュージーランド

日本代表メンバー

PR	太田　治	NEC
	高橋　一彰	トヨタ自動車
	田倉　政憲	三菱自工京都
	浜辺　和	近鉄
HO	Ⓒ薫田　真広	東芝府中
	弘津　英司	神戸製鋼
LO	桜庭　吉彦	新日鐵釜石
	ブルース・ファーガソン	日野自動車
	赤塚　隆	明大
FL	梶原　宏之	勝沼クラブ
	シナリ・ラトゥ	三洋電機
	井沢　航	東京ガス
NO8	シオネ・ラトゥ	大東大
	羽根田智也	ワールド
SH	堀越　正巳	神戸製鋼
	村田　亙	東芝府中
SO	松尾　勝博	ワールド
	廣瀬　佳司	京産大
CTB	元木由記雄	神戸製鋼
	吉田　明	神戸製鋼
	平尾　誠二	神戸製鋼
WTB	吉田　義人	伊勢丹
	増保　輝則	神戸製鋼
	ロペティ・オト	大東大
FB/WTB	今泉　清	サントリー
FB	松田　努	東芝府中
監督	小藪　修	新日鐵

たにもかかわらず、だ。

結果はウェールズに10－57。スクラムトライどころではない、完敗だった。

続くアイルランド戦では勝負所で逆にスクラムトライを奪われて引導を渡された。

こうなればニュージーランド戦の惨劇までは一直線だ。記録的大敗はW杯に真剣に臨まなかった日々の必然的な帰結だった。

あるいは、第2回大会ジンバブエ戦の52－8という勝利から、惨劇に至る坂道は始まっていたのかもしれない。

この勝利を挙げるために監督の宿澤広朗が1泊4日の強行日程でジンバブエの試合を偵察したことも、代表に準じたジャパンBを組織して同国に遠征し、厳しいアウェーの環境で相手の実力を確かめたことも忘れ去られ、さして強くなかったジンバブエに大勝した記憶だけが残った。

日本は特段の準備をしなくても強いと、自己評価を誤ったのである。

かくしてフリーステイトスタジアムが日本ラグビーのグラウンド・ゼロとなった。


ニュージーランドに惨敗した直後に、小籔が「これで僕はお疲れさんだね」と、記者たちににこやかに話すのを聞いたある選手は、後に「ぶん殴ってやろうかと思いましたよ」と告白したが、同じ思いでいた報道陣も他の選手たちも、そうした不祥事を起こさずに大会を終えた。

そして小籔は、解任ではなく勇退したのである。


小籔体制のあとも、日本はW杯で勝てなかった。

95年夏からサントリーで監督を務めた山本巌《やまもといわお》が監督となり、96年からはアシスタントコーチとして、グレン・エラ、エディー・ジョーンズという2人のオーストラリア人がチームに帯同した。

グレン・エラとエディー・ジョーンズのコーチ就任は新鮮な驚きをもたらした。

エラは、双子の兄マークとともにオーストラリア代表に選ばれた経験を持ち、〝レジェンド〟となったマークに比べれば知名度はやや劣ったが、先住民アボリジニの血を引く代表選手として、また弟ギャリーも含めて3兄弟で活躍した「エラ・ブラザーズ」の一員としても有名だった。

一方のエディーは、当時は東海大学ラグビー部でプロフェッショナル・コーチとしてのキャリアを始めたばかり。まだ無名コーチだった。

しかし、強化の現場では、熱血指導をするエディーの姿が目立ち、以前の小籔体制でのぬるま湯のような練習風景は一変した。

2人とも、自分たちが日本人選手に関しての情報をすべて与えられているのか疑心暗鬼になっているところがあって、私も含めて何人かの記者たちとビールを飲みながら選手についての情報を集めるようなこともした。

96年には、日本にアメリカ、カナダ、香港の3カ国を加えたパシフィック・リム選手権が始まり、各国とホーム&アウェーで2試合戦い、合計6試合の成績で順位を争った。

この大会は実力が接近した4チームが真剣に戦う場で、当初は、この4カ国にフィジー、トンガ、サモア、アルゼンチンを加えた8カ国で、パン・パシフィック選手権として地球規模にまたがって開催される予定だったが、財政問題が解決できずに頓挫。そこから、比較的地理的に近く、往来の便もいい4カ国が残った（99年度はフィジー、サモア、トンガが加わり、香港が撤退して6カ国での開催となった）。

初年度の96年、日本は秩父宮ラグビー場で香港、アメリカを破ったが、アウェーではまったく勝てず2勝4敗。特にアウェーのアメリカ戦は、負傷者が相次いだこともあって、5－74と、前年のニュージーランド戦を思わせる大敗を喫した。

ただ、このジャパンのミッションは、秋に台湾で開催されたアジアラグビー選手権で韓国を破ることだった。この年の選手権では韓国の長年の要望が取り入れられ、日本代表は外国人選手を一切起用しない布陣で臨むことになっていた。

当然、そこで韓国に敗れれば、「日本は外国人選手の力で勝っているだけだ」という韓国の主張が説得力を持ってしまう。

日本は、国際規定に則って代表資格を満たした外国人選手を代表に選んでいて、それは違法でもなんでもないのだが、この韓国の主張は喉に刺さった魚の小骨のように、いつまでも日本ラグビーにうるさくつきまとっていた。

だから、決勝戦で韓国に41－25と快勝し、しかも大畑大介という、後にテストマッチにおける個人通算獲得トライ数の世界記録を作る逸材がデビューしたことで、日本協会のなかには一定の評価をする声もあった。

一方で、世界が95年W杯直後に「オープン化」に踏み切り、プロフェッショナル選手による強化を進めていることを見据えれば、99年に開催されるW杯に向けて、日本協会はもっと強く代表の存在をアピールできる指導者を求めていた。

それが、96年度のシーズン終了後に事実上引退した神戸製鋼の平尾誠二を、代表監督に据えるプランだった。

97年2月。

日本協会は都内のホテルで大がかりな記者会見を開いて平尾の代表監督就任を発表。

山本の下でコーチを務めたエディー・ジョーンズとグレン・エラは任を解かれた。

その2人が、6年後の03年W杯オーストラリア大会で、HCとバックスコーチとして自国の代表を指揮し、準優勝を遂げるなどとは、もちろん誰も夢想だにしなかった。

▼平尾ジャパンの蹉跌

現役を退いたばかりの平尾を監督に抜擢したのは、89年から91年の宿澤ジャパンで強化委員長を務めた、当時の日本協会専務理事・白《しら》井《い》善三郎《ぜんざぶろう》だった。

白井は、就任会見の席でこう言った。

「任期は特に設けていない。情熱の続く限りやっていただきたい」

それを受けて、平尾もこう就任の抱負を述べた。

「日本ラグビー百年の計にあたるものを確立していきたい。ラグビーそのものが変革期にある時期に大役を仰せつかった。自分の最大の能力を出してぶつかっていきたい」

しかし、「百年の計」を立てるのは容易なことではなかった。

5月にパシフィック・リム選手権が始まると、ホームの秩父宮で、前年優勝のカナダに32－31と劇的な逆転勝利を収めてファンを熱狂させたが、この年、勝利はこの1勝に終わった。

就任と同時に選手個々の地力を上げることを目的に、平尾は選手たちに猛練習を課したが、短期間で猛練習が実を結ぶほど国際レベルのラグビーは甘くなかった。日本は6試合中4試合で前半をリードしながら（残る2試合も、1つは同点、もう1つは2点のビハインドだった）、後半30分には、勝ったカナダ戦を除いてスコアを逆転され、残り10分間で大きく点差を開けられた。

2年目の98年は、秋にシンガポールでW杯予選を兼ねたアジア選手権が開催されることになっており、その準備が積極的に進められた。

キャプテンも、96年、97年と2年続けて重責を果たした元木由記雄から、アンドリュー・マコーミックに替え、チームには代表資格を持つ外国出身選手を多く選んだ。

2月には、スーパーラグビー開幕を前に、オーストラリアの首都キャンベラに本拠を置くブランビーズが来日し、1勝1敗と星を分けた。ブランビーズは96年にも来日したが、そのときは4戦全勝で、最終戦では日本代表に快勝している。それを考えれば、少しずつ実力がついてきているようには感じられた。

3月には日本代表がオーストラリアに出向いて強化合宿を張り、そこでブランビーズのジュニア（2軍）チームとの2試合を含む3試合を行ない、1勝1敗1引き分けと健闘した。

しかし、やはりパシフィック・リム選手権ではなかなか勝てなかった。第1戦、第2戦とホームの秩父宮で戦いながら、アメリカ、カナダに連敗した。春先からの合宿で手応えをつかんでいた選手たちは、迷い、自信を失いつつあった。

キャプテンのマコーミックは、東芝でのチームメイトで代表にも共に選ばれている薫田真広《くんだまさひろ》に、

「なんで勝てない？　日本人はまだメンタルが弱いよ」と不満を漏らした。

ニュージーランド出身で、父親がオールブラックスのレジェンドだったマコーミックは、オールブラックスのセレクションに漏れたのを機会に来日し、当時は外国人選手に通訳を用意しないことで有名だった東芝に入った。それだけに日本ラグビーに対して愛着と忠誠心を抱いていて、しかも、ナショナルチームとはどういう存在であるかを幼少の頃からオールブラックスを通じてしっかりと認識していた。そんなマコーミックから見れば、全国社会人大会で目の色を変えて自分に立ち向かってくる選手たちが、代表でどうしてそれ以上の力を発揮しないのか不思議だった。

当時の代表には、マコーミックの他に、ロバート・ゴードン、グレッグ・スミス、ロス・トンプソン、パティリアイ・ツイドラキ、スティーヴン・ミルンと、合計6名の外国人選手がいた。現在から見ればさほど多いとは思えないが、当時はこの外国人選手の多さが大きな議論を呼んでいた。

それに対して、平尾は「洋魂和才」という言葉を作りだし、海外出身の選手たちの闘争心が日本代表に必要であることを強調した。事実、合宿で率先して黙々と走り込み、試合でも厭うこと

なく体を張り続ける彼らの存在は、取材者の目から見てもチームに好影響を与えていた。

むしろ、そうした外国人選手たちがあまりにも頼りになるので、日本人選手たちが試合中に彼らに頼るようになったことが、勝てない要因だった。

薫田は、マコーミックの言葉を受けて、遠征先の香港で日本人選手だけのミーティングを敢行した。

当初は、チーム内に「ニホンジン」「ガイジン」というグループを作ることになるとマコーミックは強く反対したが、チームに対して「WIN」「KEEP」「耐えろ」という3つのキーワードを与えることでミーティングを了承し、その甲斐あってか、この大会が始まって以来初めて香港をアウェーで破った。

97年に英国から中国に返還された香港では、ラグビーは〝白人のスポーツ〟というイメージがあった。香港ラグビー協会は、返還後も自らの存在意義をアピールするためにW杯出場を目指していた。しかも、ニュージーランド、オーストラリア、南アフリカといった南半球の強豪国で代表入りを果たせなかった選手たちが、プロフェッショナルとしてのキャリアを築くための足がかりとして、香港代表でのW杯出場を狙っていた。従来は英国系の金融ビジネスマンなどが主流だった香港は、この時期、真剣にW杯出場を目指しており、それが96年以来、日本が香港になかなか勝てなかった要因だった。

そうした香港からアウェーで勝利を挙げたものの、ホームでは1点差で競り負け、アメリカにはアウェーで初勝利を挙げたものの、カナダには完全に力負けして大会を終えた。

秋に迫ったW杯予選に向けて、平尾がどんな戦い方で臨むのかを、大会終了後からメディアは知りたがったし、それに明確な答えを示さない平尾には批判も降り注いだ。

「リズム&テンポ」というキーワードを平尾は提示していたが、W杯予選前の強化合宿では、記者から「リズムとテンポはどう違うのか」という質問が出て、答えに窮するような状態だった。

パシフィック・リム選手権で苦手としている香港と、96年のアジア選手権以来動静がつかめず、不気味な存在感を示す韓国、そして台湾と各1試合戦うW杯予選は、このときの日本代表にとって高いハードルに見えた。

そして、10月。

亜熱帯の地シンガポールで予選は幕を開けたのだった。


予選の開幕戦は台湾対香港戦だったが、ここで思わぬ番狂わせが起こった。日本を苦しめた主要メンバーがビザの都合でシンガポールに行くことがかなわず、従来のアマチュアチームに戻った香港が、12－30と台湾に敗れたのである。

これで第2試合の日本対韓国戦が、一気に事実上の出場決定戦に格上げされた。

しかも、試合前にピッチに現われた韓国は、鍛え上げられて引き締まった体つきで、それまで体中にかいていた汗が一気に凍りつくような迫力に満ちていた。

案の定試合は韓国のペースで進み、前半終了直前のスコアは7－12と韓国がリードしていた。

日本はそこからマコーミックのタックルでチャンスをつかみ、相手ボールを奪って左へ展開。増保輝則《ますほてるのり》のトライが生まれ、コンバージョンも成功して14－12と逆転してハーフタイムを迎えた。

会場のシンガポール国立競技場（現在は空調が完備したシンガポールスタジアムに生まれ変わっている）には4千人ほどの観客がいたが、そのほとんどが修学旅行生も含めた日本人だった。それまで固唾を呑むようにグラウンドを見守っていた彼らサポーターは、ハーフタイムにようやく体中に溜め込んでいた息を吐き出した。

最終スコアは40－12。

日本は、続く台湾戦に136点を奪って快勝すると、香港も47－7と下して、4大会連続のW杯出場を決めた。

大会前から「どういう戦い方をするのか」と記者たちから追及され、韓国に苦戦を強いられた平尾は、大会がすべて終わったあとで、こう本音を漏らした。

「日本はすぐに結果を求めて試行錯誤を認めようとしない。僕じゃない人が（監督を）やっていたら、もっと叩かれたと思う。スッとしましたわ」

小籔もやはり、さまざまな批判を浴びながら、前回のW杯予選を突破したが、そのとき感想を聞かれてこんな一言を残している。

「ザマミロと思いましたよ！」

代表監督として、W杯連続出場を途切れさせないようにするのがいかに精神的な重圧だったかを物語るエピソードだが、いくら批判に腹を立てていたとはいえ、どちらも見せてはいけない腹の内をさらけ出した点では、監督として未熟だった。

▼チェリー・ブラックス

W杯予選のさなかに「現状ではW杯本大会を戦うには力不足」と話していた平尾は、99年に超大物を日本代表に選んだ。

95年W杯で南アフリカと延長戦まで含めて100分間の死闘を繰り広げた末に敗れたオールブラックスの、ジェイミー・ジョセフとグレアム・バショップの2人だ。

2人は95年のW杯終了後、福岡県に本拠を置くサニックスとコーチ兼任で選手契約を結び、来日した。そこから数えて3年の月日が経ち、代表選手資格の「3年居住」を満たしていた。

当時の代表選手資格は、以下の3条件のうち1つを満たせば得られた。

・その国のパスポートを保持する者（国籍）
・その国に二親等以内の親族――祖父母のどちらかで可――がいる者（血縁）
・その国に3年以上継続して居住する者（地縁）

これはラグビーのルールが成文化した19世紀イングランドに源を発する規定で、同じフットボールをルーツに持つサッカーや、オリンピックゲームの選手規定が国籍であるのとは対照的に、ラグビーは大英帝国華やかなりし頃、選手が仕事の都合でどこの植民地に住んでもその地で代表選手になれるよう緩やかに定められていた。

しかし、前回のW杯ファイナリストだった選手が、次のW杯に違う国の代表から出場することには当時のIRBから異論が噴出し、結局、この2人の〝日本代表入り〟をきっかけに、99年W杯終了後から、過去に1つの国（協会）代表またはそれに準じるチームに選ばれた選手は、それ以外の国の代表になれないよう規約が改められた。ただ、「代表に準じるチーム」の規定が曖昧だったために、現在では5年間以上代表に選ばれなかった選手について、一定の要件（7人制の代表としてセブンズワールドシリーズで一定以上の大会に参加することなど）を満たし、前述の3条件のうち1つをクリアしていれば、新たな国の代表資格を得られるように運用されている。

いずれにしても、世界のラグビー界に名をとどろかせたビッグネームが、いきなり2人も日本代表となったのだから、インパクトは大きかった。

平尾が「洋魂和才」をテーマに、積極的に外国出身選手を代表に選んだのは前述の通りだが、それでも98年時点では、過去に他国を代表してW杯に出場した選手は日本代表のなかにいなかった。そんなチームに大物が〝天下り〟した印象だった。

もっとも代表における外国出身選手の人数は、ロス・トンプソンとスティーヴン・ミルンが、それぞれ所属する企業の要請に従って国内での試合を優先するために代表を離れたので、6名であることに変わりはなかった。

英語メディアでは、日本代表の英語での愛称「Cherry Blossoms（桜の花がエンブレムなのでこう呼ばれている）」とオールブラックスを掛け合わせて、この代表を「Cherry Blacks」と表記する皮肉な呼称も使われたが、2人が代表資格をクリアしている以上、誰にもストップはかけられなかった。

国内でも、降って湧いた大物の代表入りにさまざまな議論が起きたが、W杯を前にして、批判は期待にかき消されそうだった。

特に、5月に従来の4カ国から香港が撤退し、代わりにフィジー、サモア、トンガを加えて6カ国での開催となったパシフィック・リム選手権で、日本がカナダ、トンガを破り、さらにはW杯本大会でも初戦で対戦することになっていたサモアに逆転勝ちを収めるに至って、批判は消し飛んだ。

何しろ、30－34とリードされた試合終了間際に、ゴール前の密集からボールを持ち出し、逆転トライを決めたのがジョセフだったのである。

このサモア戦は、さまざまな因縁が絡まり合った試合だった。

まず、バショップが日本代表を選んだことを巡って、サモア側は日本協会に対して怒りを募らせていた。

99年になった時点で、バショップは、市民権を持つニュージーランド、母国であるサモア、3年居住を満たした日本の3カ国で代表資格を持っていた。

このときのサモア代表にはバショップの実兄スティーヴンが選ばれていて、もしバショップがサモアを選べば、兄と9番-10番のコンビを組んでW杯に出場することになるはずだった。

バショップは迷いに迷っていた。

この年の3月に日本代表は前年に続いてオーストラリアで強化合宿を行なったが、その時点でジョセフが日本代表入りを決断して「代表候補選手」として合宿に参加したのとは対照的に、バショップは参加しなかった。

決断したのは4月に入ってからで、日本代表のセレクションマッチと位置づけられた試合に出場して、そのまま代表に選ばれた。

最終的にバショップが日本代表入りを決断した背景には、所属するサニックスの意向があったと言われていた。

日本代表としてW杯期間中にチームを離れることは認めるが、日本の対戦相手であるサモアの選手としてW杯期間中にチームを離れるのはいかがなものか――このときはW杯期間中も社会人の公式戦が行なわれていて、日本代表としてW杯に参加するか、それとも国内に残って西日本社会人リーグに出場するか、決断を迫られたのだった。

同様に、当時関東社会人リーグ1部の三菱重工相模原に在籍していたサモア代表選手で、バショップと同じスクラムハーフのジョー・フィレムも、所属企業の意向でW杯への参加を断念した。

日本でプレーする同じポジションの有力な代表候補選手が、2人続けて代表入りを断ったことに、サモアのテクニカル・アドバイザーでオールブラックスのレジェンドでもあるブライアン・ウィリアムズは激怒した。裏で日本協会が糸を引いて、自国に有利になるよう圧力をかけたのではないかと疑ったのである。

しかし、ウィリアムズの怒りは的を外れていた。日本のラグビー界では、協会よりも所属企業の方が選手に対して強い影響力を持つということを、理解できなかったのだ。

当時、世界は、96年にニュージーランド、オーストラリア、南アフリカの南半球3カ国が、それぞれの国の地域代表を母体にしたクラブを作って開催に踏み切ったスーパー12（現在のスーパーラグビーの前身）を筆頭に、急速にプロフェッショナル化が進みつつあった。そのなかで、選手たちに報酬を支払う主体は、スーパーラグビー参加チームの母体となった地域協会や、ナショナルチームの場合は各国の協会であることがほとんどだった。クラブが報酬について主導権を握っていたイングランドは例外的な存在だったが、それでもナショナルチームを運営する主体はイングランド協会であり、選手選考も含めて代表に関する権限はすべて協会に集中していた。

けれども日本は、そこまで協会の権限が大きくはなく、監督の平尾でさえ日本協会が、所属する神戸製鋼に「お願いして」長期間の代表強化に携らせていた。その点で日本はまだ完全にアマチュアリズムの世界にとどまっていた。監督から選手に至るまで、彼らの生活を保障するのは協会ではなく各所属企業であり、だから、所属企業が「W杯よりも国内のリーグ戦に出場して欲しい」と言えば、選手が断るのはほとんど不可能だった。

そして、大会期間中に各地域でレギュラーシーズンの公式戦が行なわれることが示すように、当時の日本にはW杯はどこか〝遠い世界の出来事〟という空気が色濃くあった。日本代表に選ばれた選手を企業としてサポートするのはやぶさかではないが、他国の、それも日本と直接対戦する国の代表としてW杯に出場する選手はその限りではない――といった辺りが、99年時点の空気感だったのである。

95年W杯で日本がニュージーランドに17－145と大敗した際、私も含めて現地にいた記者は本当に怒り心頭に発したし、選手たちもまた大敗の恥辱と重さを噛み締めていたが、日本に帰国してみれば、この屈辱的な大敗も、どこか他人事のように語られていた。

山本巌が監督した2年間、強化委員会で委員長を務めていた北島治彦《きたじまはるひこ》は、就任の記者会見で「個人的にはジャパンは良くやったと思います」と発言し、私は二の句が継げなかった。しかし、W杯が〝どこか遠くの国で行なわれるラグビーのお祭〟としてしか認識されていないのだと考えて初めて、こうした発言が出てくることが腑に落ちた。

W杯に対してその程度の認識しか持っていなかった当時の日本のラグビー関係者に、ウィリアムズの怒りは理解できなかったのだろう。

しかも、サモアは、試合が行なわれた大阪で初めてメンバーが顔を合わせ、主力選手の何人もがスーパー12やイングランドのプレミアシップでまだプレー中で来日できなかった。

そんなサモアに日本が勝った。

もちろん、テストマッチの勝敗である以上、選手が揃わなかったことは言い訳にならないが、10月にW杯の初戦で対戦することを考えると、この試合はサモアが日本を、本気で叩くターゲットとして改めて認識するきっかけとなった試合でもあった。

そこに、ウィリアムズの怒りである。

平尾が決断したオールブラックスの大物2人を代表に選ぶという選択肢は、ピッチの外で思わぬ波紋を生じさせたのだった。

▼素《そ》の力

10月3日の第4回W杯初戦。

果たしてサモアは牙をむいて日本に襲いかかった。

日本は、前半26分に最後尾を守る松田努《まつだつとむ》がサモアのタックルを受けて肩を痛め、29分にピッチを退き、そのまま戦列を離れた。日本は急遽、トライゲッターの大畑大介を松田のポジションに配したが、不慣れなポジションに戸惑い、直後の攻撃でサモアにボールを奪われた際に守備に戻ることができず、2つ目のトライを奪われた。

何度もゴール前まで攻め込みながらも、意を決して守るサモアの前に日本はあと数メートルを攻めきれず、得点はペナルティゴールだけに封じ込められた。

そして、そんなもどかしさを断ち切るように、ナンバー8のポジションに入ったジョセフが何

1999年　第4回　W杯

▶開催国　ウェールズ、イングランド、フランス、スコットランド、アイルランド
▶期間　10月1日〜11月6日
▶優勝　オーストラリア

日本代表成績　予選プールD
● 9－43　サモア
●15－64　ウェールズ
●12－33　アルゼンチン

日本代表メンバー

PR1	長谷川　慎	サントリー
	中道　紀和	神戸製鋼
HO	薫田　真広	東芝府中
	坂田　正彰	サントリー
PR3	中村　直人	サントリー
	小口　耕平	リコー
LO	ロバート・ゴードン	東芝府中
	大久保直弥	サントリー
	桜庭　吉彦	新日鐵釜石
	田沼　広之	リコー
FL	グレッグ・スミス	豊田自動織機
	渡邉　泰憲	東芝府中
	木曽　一	立命大
	石井　龍司	トヨタ自動車
NO8	ジェイミー・ジョセフ	サニックス
	伊藤　剛臣	神戸製鋼
SH	グレアム・バショップ	サニックス
	村田　亙	東芝府中
SO	廣瀬　佳司	トヨタ自動車
	岩渕　健輔	神戸製鋼
CTB	Ⓒアンドリュー・マコーミック	東芝府中
	元木由記雄	神戸製鋼
	吉田　明	神戸製鋼
	古賀　淳	三洋電機
WTB	増保　輝則	神戸製鋼
	大畑　大介	神戸製鋼
	パティリアイ・ツイドラキ	トヨタ自動車
	三木　亮平	龍谷大
FB	松田　努	東芝府中
	平尾　剛史	神戸製鋼
監督	平尾　誠二	神戸製鋼

度も個人の力でトライを奪おうと、ボールを持っては突進を繰り返した。

ジョセフが2016年9月に日本代表HCとなり、日本協会から「チームジャパン2019の総監督」として全権委任のような待遇を得たのは第1章に記した通りだが、そのジョセフを助言・監督する立場の薫田真広も、このときピッチに立っていた。

薫田は、ジョセフについて語るとき、いつもサモア戦のこんなエピソードを添える。

「いいスクラムを組めた手応えがあって、スクラムトライが取れる！　と確信した瞬間に、ジョセフがボールを持ち出してしまったんですよ」

おかげでスクラムトライはならず、ジョセフの単独アタックもサモアに止められた——という、ラグビーによくある笑い話なのだが、16年以降、私はこのエピソードに笑えなくなった。

当時の取材ノートをひもとくと、サモア戦の後半にジョセフが頻繁に単独でボールを持ちだしてアタックを仕掛けながら、ことごとく止められたことがメモに残っている。

ジョセフは95年の南アフリカW杯で日本から145点を奪ったオールブラックスの一員だった（先発ではなく途中出場）。そんな男が4年後に奪われた側の一員になるのに際して、99年当時、私は何度も日本代表を見下す気持ちはないかと質問した。それに対してジョセフはいつも、「今のジャパンはあのときとは違う」と答えていた。

しかし、サモア戦のピッチで見たジョセフは、明らかに自分で勝負をつけようとしていた。

W杯前の合宿では、笑顔で「日本のバックスは素晴らしいスピードを持っているから、自分の役目はボールを獲得してバックスにいい条件で出すことだ」と話していた男が、そんな言葉を忘れたかのように単独でボールを持ち、何度もサモアのディフェンスに挑みかかった。

今思えば、ジョセフは元オールブラックスとして、自分に求められた役割を責任感を持って果たそうとしたのだろうと想像できる。けれども、それは言葉でどう言い繕おうとも、心の奥底では日本のラグビーを信用していなかった証ではないか。

しかも、W杯初戦のこの試合では、5月に大阪で戦ったときとサモアの目の色がまったく違っていた。

後に大畑は、「試合にかけるサモアの意気込みが5月とはまったく違っていた」と告白したが、当然5月に逆転トライを奪ったジョセフは徹底的にマークされ、2人がかり、3人がかりのタックルを浴びた。さしもの元オールブラックスもトライを奪うには至らなかった。

結局、日本は勝負をかけた初戦に9－43とノートライで敗れた上に、「松田がケガしたら、もうおしまいだよ」と夏合宿の時点で平尾が笑い飛ばした緊急事態が現実となった。

日本は続くウェールズ戦に15－64と大敗し、最終戦ではアルゼンチンにゲームをコントロールされて、まったくいいところを出せないまま12－33で敗れた。

結局のところ、日本は98年までコツコツと積み上げてきた自分たちのラグビーを、W杯で勝つには力不足と総括して否定し、ジョセフとバショップという超大物の力を借りることを決断したが、結果は3戦全敗。しかも、得点36、失点140、得トライ2、失トライ16と、数字的にも〝惨敗〟に終わった。

第1回大会から全参加国のなかで唯一続けてきた全試合でトライを獲得という記録も、初戦のサモア戦で途切れ、アルゼンチン戦もノートライだったので、3試合でトライを奪えたのはわずか1試合だけだった。

98年のW杯予選を突破したときには、紆余曲折を経たものの、そして確かに小粒ではあったかもしれないが、全員がひたむきに攻め、守り、懸命に前回大会の屈辱をすすごうと戦うのが日本代表の姿だった。ところが、超大物の加入でチーム全体の生理が狂い、まったく別なチームとなってW杯で結果を残せなかった。

平尾が現役当時の日本代表監督だった宿澤広朗は、最終戦となったアルゼンチン戦でテレビの解説者を務めていたが、アナウンサーの「日本も健闘しましたよね？」という〝フォロー〟を無視するように、「日本はこうやって戦う、というオリジナリティが感じられなかった。これでは世界で評価されない」と厳しく指摘した。

「98年までは非常に上手く強化が進んでいたが、バショップとジョセフが加わって、普通に戦っても戦えるんじゃないかと見通しを誤った」というのが、宿澤の評価だったのである。

平尾は、2000年1月29日に行なわれた日本協会の理事会で日本代表監督続投が承認されて、ポストW杯イヤーも引き続き指揮を執ることになった。

それを受けて会見が開かれ、平尾は少し早口に前年のW杯を総括し、新年度の強化について方針を語った。しかし、W杯の敗因についてはさまざまな要因を挙げたものの、平尾自身が何をもっとも大きな敗因と考えているのか伝わらなかった。

私は、「W杯の敗因について、何が一番大きな要因だったと思いますか?」と問うた。

平尾は、しばらく沈黙し、迷いながら、最後にこう答えを絞り出した。

「……個が持つ、素の力。そこが、一番大きな差を感じたところです」

違う、とその場で思った。

日本代表の選手が個々に相手に比べて力が劣っているのは、そもそも最初からわかっていたことではないか。

彼我の間には体格差があり、ラグビーに取り組む文化的な土壌も大きく違う。子どもの頃から自由な遊びのなかでゲームに親しみ、個人技を磨く海外の選手に比べれば、日本の選手は多くが中学校や高校の「部活」でラグビーを始め、そこからコツコツとレベルを上げる。

しかし、そうした環境にもかかわらず、W杯の舞台を踏んで洗礼を浴びた選手たちは、次の大会に向けて4年間を厳しいトレーニングとストイックな節制に明け暮れた。

ならば、彼らを「チーム」として組織化し、個々の力の総計を上回るチーム力に仕上げてこそ、日本代表は世界で戦えるのではないか。

その組織化こそが日本代表監督の仕事ではないか。

平尾自身が手がけたチームで言えば、W杯予選で韓国の迫力に苦しみながらも勝ち上がったチームは、そうなる可能性を秘めていた。その基盤を保った上に、ジョセフやバショップを適応させれば、チームはさらに魅力的になったのかもしれなかった。

だが、現実は違った。

超大物が「組織で戦う」術を習得するには強化の期間があまりにも短か過ぎたし、彼らのプライドもまた高過ぎた。

だから、最大の要因は「素の力」ではなく、「素」が結合したときのケミストリー（化学反応）を信じられなかった、監督の迷いにあったのではないか――というのが、私の総括だった。

平尾自身、後年、自らの監督時代を振り返って「少しやり方を間違えたかもしれない」と反省めいたことを口にしたが、つまるところ、現役引退直後に監督に就任したため、自身の経験も踏まえながらチームの土台を作り上げるところまでは成功したものの、宿澤が指摘したように最後に方向性を誤った。

W杯は、超大物選手を2人起用しただけで「素の力」の格差を埋められるようなレベルの大会ではなく、格差を埋めるためには、何よりもチームとしてのコンセプトを明確に作り上げることが求められる大会だった。

▼オープン化

２０００年の日本代表は、新旧交代を強行して迷走した。

この年まで続いたパシフィック・リム選手権では、次のW杯を考えて、強引なまでに若手を起用したが、急激な〝若返り〟は実を結ばずに日本代表は５戦全敗に終わった。

秋にはベテラン選手を呼び戻してヨーロッパ遠征に臨んだが、今度は遠征期間が秋のリーグ戦と重なり、代表入りを辞退する社会人選手が相次ぎ、春と同じようなメンバーでフランスとアイルランドに遠征した。

しかし、それで結果が出るわけもなく、代表からかなり力が落ちるフランスAには23－40と食い下がったが、アイルランドU25代表に13－83、同代表には９－78と連敗した。

このテストマッチの際に、ベストメンバーで臨まなかった日本に対して、ＩＲＢからクレームがついた。

日本を置き去りにしたまま完全にプロフェッショナル・スポーツとなったラグビーでは、テストマッチの商業的価値を高めるために、当事国にベストメンバーで臨むことが求められていた。ところが日本代表からは、そのテストマッチよりも国内の社会人リーグを優先する選手が相次いだ。

世界のプロ化に抗ってアマチュアリズムにとどまり、その範疇のなかで国内カレンダーを優先した日本のやり方は、もはや世界に通じなくなっていた。

日本代表がアイルランドから帰国した直後の11月23日には、当時日本協会会長だった金野滋《こんのしげる》の記者会見が行なわれ、ＩＲＢからのクレームや首脳陣の責任問題に厳しい質問が相次いだ。しかし、そこで金野が「日本代表をプロ化する」と発言して、会見場は騒然となった。

25日には、監督の平尾から遠征の事情を聴取した結果を日本協会が説明する趣旨の会見が行なわれたが、その場では、出席した平尾の口からいきなりこんな言葉が飛び出した。

「継続的な強化のなかで、若い選手や未熟な選手を現場に引っ張らざるを得なかったが、それがナショナルチームという格付けでは許されなかった。僕自身も責任を感じている。遠征の責任をとる意味で、ナショナルチームの強化に関して白紙に戻す」

つまり、監督を辞任するというのだ。

若い選手を選び出し、次のＷ杯を思い描きながら強化を始めたばかりのところでの辞任劇だ。平尾の表情には、前年のＷ杯終了後とは打って変わって、無念がにじんでいた。

しかし、現実を見れば、期待された99年Ｗ杯で３戦全敗に終わり、選手が若返ったことで、この年の春のテストマッチは観客数が１万人を切った。

ラグビーの存在感が、スポーツファンの間で薄れつつあった。

平尾の後任となったのは、東芝府中で実績を残した向井昭吾だった。

しかし、それ以上に注目を集めたのが、宿澤が強化委員長として日本代表に関わると発表されたことだった。

宿澤は、95年のオープン化以降、世界のラグビーが急速にプロ化していく現状に危機感を抱き、日本代表選手を、代表活動の期間に限って所属企業から日本協会に出向させ、その間、選手に給与とほぼ同額の報酬を支払う「オープン化」を打ち出した。

・日本代表に選ばれた選手が、強化合宿を含む代表活動期間は、所属企業から日本協会に出向し、その間の給与を日本協会が所属企業に支払う。その給与を直接選手に手渡すかどうかは各企業の裁量に委ねられるが、一方で、試合出場給や監督賞などの形で「インセンティブ」が支払われる

・外国人コーチ（当時はオーストラリア人のギャリー・ワレス）との専任契約

・監督の向井が東芝から日本協会に出向し、首脳陣がフルタイムで強化にあたる

以上の3点が、オープン化の中身だった。

初年度の01年度は様子見を決め込んだ選手が多く、日本協会と出向契約を結んだのはわずか8名にとどまったが、翌02年度は、W杯アジア地区予選が組まれていたこともあり、ほとんどすべ

ての選手が出向契約を結んで代表活動に参加した。

そして、オープン化した日本代表は、韓国を90－24と圧倒して、03年にオーストラリアで開催される第5回W杯の出場権を獲得したのだった。

▼勇敢な桜たち──ブレイブ・ブロッサムズの誕生

オープン化を果たし、代表の首脳陣がフルタイムで強化に当たるという、90年代半ばに世界各国で確立された代表強化の〝グローバル・スタンダード〟に、21世紀に入ってようやく追いついた日本は、しかし、アジア勢以外からはなかなか勝ち星を挙げられなかった。

向井が率いた日本代表は、01年6月に来日したウェールズ代表──例によってブリティッシュ&アイリッシュ・ライオンズの遠征のために主力が欠けていた──に連敗。このウェールズに、サントリーが単独チームとして初めて白星を挙げたために、よけいに落胆は広がった。

02年のW杯予選こそ、前述のように韓国に大勝し、中華台北（台湾）からは155－3という記録的な勝利を挙げたが（おかげで世界のテストマッチ最多失点記録から日本の名前が消えた）、W杯イヤーの03年になると、オーストラリアの現地視察も兼ねて行なった強化合宿での練習試合──対戦相手はスーパーラグビーに参加するレッズ、ブランビーズの2軍とシドニー代表──で1勝3敗。アメリカにはアウェーで完全に力負けして、格下のロシアにはホームでいいところなく初黒星を喫した。

W杯を見据えて招いたオーストラリアA代表、イングランドXVにも、どちらも2試合ずつ戦って全敗した。

当然、監督の向井に批判が集中した。

7月6日のイングランド戦直後の記者会見では、向井と同席した宿澤に、こんな質問が飛んだ。

「選手のなかには『戦い方を明確に指示されないからどうプレーしていいかわからない』という声がある。向井監督の、監督としての能力をどう思うか」

宿澤は答えた。

「不満を持つ選手はパフォーマンスを見ればわかる。僕自身は向井をサポートしていきたい。強化の過程でいろいろな矛盾や錯綜も出るが、とりあえず（W杯という）ゴールまで突っ走るしかない」

もっとも、宿澤自身の、チームに対しての評価は厳しかった。

「チームにあるはずの力が試合で出ていない。今いるメンバーがベストだと考えて試合に臨むしかないが、そのベストメンバーが期待されたプレーをできないのはチームとしておかしい」

こうした批判に敏感に反応したのが選手たちだった。

9日にW杯に臨むメンバー30名が発表され、そこで、これまでスクラムハーフを務めてきたベテランの村田亙《むらたわたる》と、若手の月田伸一《つきたしんいち》に替わって、宿澤の「強い要望」で代表未経験の辻高志《つじたかし》が入ったことも、選手たちを刺激した。

「自分の責任でメンバーを選んで、腹をくくって戦わなきゃいけないときに、あそこまでやられて最後は向井さんの責任じゃ、あまりにも可哀想だ」という声がベテラン選手たちから挙がり、「勝って、向井さんを男にしよう!」という合言葉が、チーム内で密かにささやかれるようになった。

21日から網走市で行なわれた強化合宿では、初日の夜と2日目の午前中を費やして、全選手・スタッフ参加のミーティングが開催された。

その場で首脳陣から、このチームでどうW杯を戦うかという「マニュアル」が配られ、戦い方の意思統一が図られた。

初めての代表選出にもかかわらず、キャプテンの重責を任された箕内拓郎《みうちたくろう》は、このミーティングと合宿が1つのきっかけになった、と後に振り返った。

「普段、ほとんど発言しない選手も含めて、自分が戦い方をどう考えているか発言して、誰がどういう考え方を持っているのか、みんなにわかった点が収穫だった。合宿も、W杯に行くメンバーが決まったことで、練習に集中できた」

前回の平尾ジャパンに比べると、このときの代表は日本人選手が中心メンバーとなっていることが大きな特色だった。

前回のジョセフやバショップに匹敵するような大物外国人選手は選ばれておらず、特にフォワードではアダム・パーカーが1人選ばれているだけで、中心となるのは、当時NECでもキャプテンを務めていた箕内であり、ライバルのサントリーでキャプテンであった大久保直弥《おおくぼなおや》だった。

2016年から始まったジェイミー・ジョセフ体制の日本代表でスクラムコーチを務める長谷《はせ》川慎《がわしん》も、このときが2回目のW杯代表で、どのコーチよりも口を酸っぱくしてスクラム練習の重要性を説き、8人で組む「日本のスクラム」を築こうとしていた。

このとき32歳で4回目のW杯に望む元木由記雄や、前回からの雪辱を誓う大畑大介が中心と

2003年　第5回　W杯

▶開催国　オーストラリア
▶期間　10月10日～11月22日
▶優勝　イングランド

日本代表成績　予選プールB
● 11－32　スコットランド
● 29－51　フランス
● 13－41　フィジー
● 26－39　アメリカ

日本代表メンバー

PR	長谷川　慎	サントリー
	豊山　昌彦	トヨタ自動車
	山本　正人	トヨタ自動車
	山村　亮	関東学大
HO	坂田　正彰	サントリー
	網野　正大	NEC
LO	田沼　広之	リコー
	アダム・パーカー	東芝府中
	久保　晃一	ヤマハ発動機
	木曽　一	ヤマハ発動機
	早野　貴大	サントリー
FL	渡邉　泰憲	東芝府中
	C 箕内　拓郎	NEC
	大久保直弥	サントリー
	浅野　良太	NEC
NO8	伊藤　剛臣	神戸製鋼
	斉藤　祐也	神戸製鋼
SH	苑田　右二	神戸製鋼
	辻　高志	NEC
SO	アンドリュー・ミラー	神戸製鋼
	廣瀬　佳司	トヨタ自動車
CTB	ジョージ・コニア	NEC
	元木由記雄	神戸製鋼
	ルーベン・パーキンソン	福岡サニックス
	難波　英樹	トヨタ自動車
WTB	大畑　大介	神戸製鋼
	北條　純一	サントリー
WTB/FB	栗原　徹	サントリー
WTB	小野澤宏時	サントリー
FB	松田　努	東芝府中
	吉田　尚史	サントリー
監督	向井　昭吾	日本協会

なって、結果が出ないもどかしさのなかでチームの立て直しを図っていた。

日本は、本大会に入るとオーストラリア北部のタウンズビルでスコットランド、フランス、フィジーと3試合を戦うことになっており、亜熱帯の気候に慣れるため、9月には沖縄で合宿を行なってオーストラリアへ出発した。

前回大会の代表が、直前のパシフィック・リム選手権を4勝1敗で優勝し、大きな期待を背負ってウェールズに乗り込んだのとは対照的に、直前の試合で連敗を続けたこの代表の期待値は低かった。

日本の国内ラグビーで実績を残したベテランの日本人選手中心というチーム編成同様に、あらゆる意味で前回とは対照的だったのが、この向井ジャパンだった。

しかし、期待値が低かったチームは、本大会が始まるといきなり評価が急上昇した。

初戦はスコットランドとの、W杯では91年以来2度目の対戦だった。

立ち上がり、この間強化を重ねてきた組織防御でスコットランドのアタックを良く守り、相手のミスを誘って反撃に転じたが、そこでミスが起こって再度ボールを奪われてトライを許した。さらにもう1トライを奪われ、0－12とリードされたところから、日本の見せ場が始まった。

きっかけは、相手の膝下目がけて飛び込むような低いタックルだった。

前回に続いて2度目のW杯となった大久保が先頭に立つように体を張り、再三鋭いタックルでスコットランドの選手たちを倒し続けた。

密集の近辺では、力任せに突進してくるスコットランドの選手たちに低いタックルが次々と炸裂し、バックスに回せば、日本の出足鋭い防御がプレッシャーをかけ続けた。

防御でリズムをつかんだ日本は、2本のペナルティゴールで6－12と追い上げ、前半の残り時間が15分となった辺りから、今度はアタックで次々とスコットランドの防御ラインを切り裂いた。残りあと5分あまりとなったところでは日本のエース大畑が抜け出し、トライの予感に場内の観客が一斉に立ち上がったが、スコットランドもゴールライン直前で体を張ってトライを阻止。結局、6－15という9点差で前半が終了した。

監督の向井は、この試合について、先発の9番10番を、辻と廣瀬佳司《ひろせけいし》という小柄だが鋭いタックルの持ち主に任せ、僅差でスコットランドに食らいつき、後半途中に2人を、神戸製鋼でコンビを組む苑田右二《そのだゆうじ》とアンドリュー・ミラーの攻撃的なコンビに替えて、一気に逆転を狙うプランを立てていた。

待望のトライが生まれたのは、交代からすぐの後半10分過ぎだった。

右ラインアウトから左に展開し、13番のルーベン・パーキンソンを囮《おとり》にして大畑－松田とつないで小野澤宏時のトライに結びつけた。日本にとっては、この大会から導入されたTMO（テレビジョン・マッチ・オフィシャル）で確認された初めてのトライでもあったが、観客の興奮は頂点に達した。

日本からの観戦ツアーで訪れたサポーターを除けば、地元のオーストラリア人を含めて試合開始当初は圧倒的にスコットランドびいきだったスタジアムの雰囲気が、前半途中から低く鋭いタックルと、小気味いいアタックでスコットランドを苦しめる日本びいきへと変わり、このトライがその流れを一気にピークに押し上げた。

残念ながら日本は、それから15分近く一進一退の攻防を続けたが、終盤の10分間に3トライを奪われ、11－32で敗れた。それでも翌日の地元紙には「Brave Blossoms（勇敢な桜たち）」の文字が躍った。スコットランドのテーマ曲とも言える「Scotland the Brave」にちなんだ命名で、以来、15年W杯で南アフリカを破ったときも含めて、日本が世界を舞台に活躍した場合に使われる呼称となった。

前回のW杯を前に、「Cherry Blacks」という皮肉を込めた呼称を使われた日本代表が、自力でつかみ取った〝通り名〟が「Brave Blossoms」だったのである。

▼描けなかった勝利までの物語

中5日で迎えた次のフランス戦には、スコットランド戦を2千人上回る2万1千人を超える観客が押し寄せた。しかも、前回はピクニック気分で観戦に来ていた地元の住民たちが、日本のレプリカジャージーを着込み、顔に日の丸をフェイスペインティングして会場のデイリーファーマーズ・スタジアムにやってきた。

W杯の場で、日本がここまで開催地の住民に愛されたのは、これが初めてだった。

試合も、6－20とリードされた日本が、前半30分過ぎにラインアウトからスコットランド戦と同じ動きのサインプレーを仕掛け、対応したフランスの裏を掻くように囮役のジョージ・コニアにボールを持たせて、見事なトライを奪った。

後半立ち上がりには、ペナルティゴールを決めて19－20と、優勝候補の一角に1点差と迫り、場内は熱狂的な雰囲気で盛り上がった。しかし、百戦錬磨のフランスは動じることなく次のキックオフを小柄な小野澤の頭上に蹴り、一気に襲いかかって日本の反則を誘うと、そこから力づくでトライをもぎ取り、観客の熱狂に水を差した。

日本も、後半に大畑がトライを奪って最後まで観客を飽きさせなかったが、最終スコアは29－50。スコットランド戦と同じ21点差で敗れた。

それでもメディアや地元の住民は日本の健闘を讃え、日本人を見ると「次のフィジー戦には勝てるぞ！」と、気さくに声をかけた。

しかし、この大会から参加20チームを5チームずつ4つのプールに分け、総当たり戦でグループリーグを戦うシステムとなったために、大会日程が公平さを欠くことになっていて、日本は中4日でフィジーと対戦しなければならなかった。

99年大会は、参加が20チームに増えたにもかかわらず、日本対ニュージーランドのような大量得点差のミスマッチを防ぐために、グループリーグは5組のプールに4チームずつを割り振るシステムで行なわれた。このため、無条件で準々決勝に進むのは各プール1位チームだけで、2位の5チームと「3位ベスト」と呼ばれた、各プール3位チームのなかでもっとも勝ち点の多かったチーム（日本とサモアを破ったアルゼンチン）の6チームが、2チームずつ一発勝負の「準々決勝プレーオフ」を戦うことになっていた。

このシステムはあまりにもわかりにくかった。その分03年大会はシンプルでわかりやすかったが、各プールの5チームが公平な試合間隔になるよう日程を組めば、大会が長期化するため、強豪国が中5日から中6日で、それ以外の国は中3日や中4日といった厳しい日程を強いられた（この問題は15年W杯でも日本につきまとい、劇的な南アフリカ戦の勝利から中3日でスコットランド戦に臨まざるを得なかったことは記憶に新しい）。

変則日程が導入された初めての大会で、試合を経るごとに試合間隔が短くなるもっとも厳しい日程を余儀なくされた日本には、対処するための有効な方法も、準備もなかった。チームのなかには、中1日で延々と試合が続く高校大会を引き合いに出して、「あれに耐えられたんだから大丈夫ですよ」と話す選手もいたが、世界最高レベルのテストマッチの疲労度は彼らの想像を超えていた。

果たしてフィジー戦では、日本は立ち上がりから動きが鈍く、前半こそ13－16と食い下がったが、後半に一気にスコアを広げられて13－41で敗れた。

試合会場をシドニーから電車で2時間ほどのゴスフォードに移して行なわれたアメリカ戦も、初勝利への意気込みが空回りしてゲームの主導権を握れず、残り10分を切っても26－27という接戦を繰り広げながら、終盤に2トライを奪われて万事休した(26－39)。

大会前の期待値が低く、超大物外国人選手がいたわけでもない日本代表は、4戦全敗に終わったとはいえ、ブレイブ・ブロッサムズの名に恥じない戦いを見せた。

11名が前回のW杯に続いて代表に入ったチームは、彼ら「W杯の重み」を知る選手たちがリードする形で「素の力」不足を補い、対外的な評価も高かった。

しかし、それでもチームには勝つための「何か」が決定的に不足していた。

4試合とも、途中でワンチャンスで逆転できるスコアに迫りながら、試合終盤に一気に突き放されて、結果的に7点差以内負けの1ポイントも獲得できずに敗退したのは、なぜか。

試合終盤のフィットネス不足と結論づけるのは簡単だが、私には、80分間をどう戦って最終的にどうスコアで相手を上回るかというシナリオが未完だったことが、最大の敗因だったように思えた。

チームの精神的な支柱となった元木は、アメリカ戦の翌日、悔しさを押し殺してこう言った。

「1点差で残り20分となると、みんな焦り出す。敵陣で時間を潰しながら戦い、最後にペナルティゴールを入れて逆転、残る時間をみんなで2点差を守る――そういうゲーム運びができない。

みんな、個人としてはさまざまな経験を積んでいるけど、このチームで接戦を勝つような場数を踏んでいない。そういう経験のなさが、土壇場ではどうしても出る」

ラグビーは、80分間にわたる壮大な物語だ。

試合の入り方に始まり、さまざまな不確定要素も想定しながら、勝利というエンディングに向けて、綿密にシナリオを練り上げる。そこから細かく逆算して練習が組み立てられ、フィットネスも鍛えられる。ストーリーを練り上げる意義は、個々の力を結集し、組織の力へと引き上げるところにある。

具体的に言えば、残り20分でワンチャンスで逆転できるような状況では、どんなフィットネスが求められるのか。そのとき、どういう守り方をすればいいのか。アタックに転じた場合で、何をすべきで、何をしてはいけないのか。それら細かい項目を1つひとつ潰していくのが、W杯に向けた代表強化であるはずだった。

しかし、敗戦に次ぐ敗戦だった強化試合では、そこまで具体的な状況を想定するには至らず、全体的にゲームを破綻させないよう、攻守の原則を徹底するのがやっとだった。「向井さんを男にする」という目的を選手たちが共有して、合言葉のもとに力は結集できたものの、勝負を決めるためのディーテイルはチームで共有できなかった。本来は首脳陣が細かく詰めるべき性質のものだからだ。

もっと言えば、選手たちも首脳陣も、最後の最後を想定するところまで強化を進められなかったからこそ、勝てなかった。

ブレイブ・ブロッサムズと名づけられたチームの、それが限界だった。

当時24歳の若さで活躍した木曽一《きそはじめ》は、すべての試合が終わったあとでこう言った。

「善戦したとか健闘したと言われるけど、日本は結局勝てなかった。内容はどうあれ、それは日本が弱いからだと思う。4年後には、こんなコメントを言わなくてもいいようにしたい」

しかし、その4年後に向けての強化も、また混迷を極めたのだった。

▼〝デジタルな〟日本代表強化

2004年の日本代表は、4年前と同じ過ちを犯した。

宿澤の後任として強化委員長には勝田隆《かつたたかし》が、向井の後任の代表監督には萩本光威《はぎもとみつたけ》が、それぞれ就任したが、2人が打ち出したのは「中長期的強化」で、前年のW杯で世界を体感し、次の大会に向けて密かに闘志を燃やしていた選手たちが次々と代表から漏れた。

秋に行なわれたヨーロッパ遠征では、1年前に11－32と健闘したスコットランドに8－100、ルーマニアに10－25と連敗。最終戦では、ウェールズに0－98と屈辱的な負け方をした。

この結果に激怒したのが、前強化委員長の宿澤だった。

00年のヨーロッパ遠征に社会人選手から辞退者が続出したことをきっかけに、日本協会を動かしてオープン化にこぎ着け、そうした事態が起こるのを防いだつもりだったのに、退任するや、03年に日本代表強化を目的に発足したばかりのジャパンラグビートップリーグで実績も残していない若手が代表に入り、95年W杯ニュージーランド戦に匹敵するような大敗を、立て続けに喫した。

オープン化に際して、日本協会の理事会で財源のなさを理由に反対意見が出た際には「予備金を取り崩してでも先行投資すべき」と主張し、トップリーグをスタートさせた際も、時期尚早という声に「1年を準備にかけて得るものと失うものを比べれば、失うものがはるかに多い」と主張してW杯直前の開催にこぎ着けた宿澤にすれば、「何をやっているんだ!」と怒りをぶちまけたくなる状況だった。

宿澤は、ラグビー担当記者を捕まえては「いったいジャパンに何が起こったのか」と真相の把握に努め、その年の12月に行なわれた日本協会の理事会では「日本代表に外国人のプロフェッショナル・コーチを招くべき」と、強硬に主張した。

この首脳陣に任せていては、次のW杯が危ういと危機感を抱いたのである。

そのとき宿澤が念頭に置いた「外国人のプロフェッショナル・コーチ」は、96年に山本巖のもとでフォワード・コーチを務めたエディー・ジョーンズだった。エディーは、97年からサントリーとテクニカル・アドバイザーとして契約を結び、毎年来日して指導していた。04年にはまだオーストラリア代表HCの職にあったが、2人の間には親密な交流もあった。

特に、エディーがオーストラリア代表HCとなってからは、2人の間で、オーストラリアに本拠を置くスーパーラグビーの2チームと、日本代表に準じる選抜チーム、トップリーグのオールスター選手で固めたチームの4チームで、2月に「スーパー4」という大会を開催する可能性が真剣に話し合われた。結果的に日本の気象条件——96年にブランビーズが初来日した際には雪のなかでの試合があった——が、オーストラリア側に選手が深刻なケガをするリスク要因として受け取られ、日本側もまた時期的に日本選手権と開催が重なるなど、障壁が立ちはだかって大会は実現しなかったが、2人の間には、どうやって日本代表を強くするかについての共通認識があった。

エディーは後に日本代表HCとして15年W杯で大成功を収めたが、当時から代表HCの有力な候補者だったのである。

宿澤が「外国人プロフェッショナル・コーチ」招聘を打ち出した理事会は紛糾した。

当時の様子を、スポーツライターの大友信彦は、06年6月に宿澤が亡くなった直後の『ラグビーマガジン』（06年9月号）でこう書いている。

ここで建て直さないと次のW杯には間に合わない。もう、外国人監督を招聘するしかない——理事会の意見はそう定まった。しかし具体的な名前を決めるところまでは行かない。

「正直エディーに断られたら、次に誰がいいのか全然分からない」と明かす理事もいた。理事会は4時間にも及んだが、案件は継続審議に……それでも宿澤氏は、議長の日比野（弘）会長代行に確認を求めた。

「外国人監督で行くんですね」

「そういうことです」

異議の声もなく理事会が終わり、理事たちは解散した。しかし、しばらく別室にこもった真下《ましも》（昇《のぼる》）専務理事と浜本《はまもと》（剛志《つよし》）強化担当理事が報道陣の前で発した言葉は、直前まで討議されていたものとは大きく異なっていた。

解任の流れにあった萩本監督は「一応続投。ただし本人の環境や、条件を含めて確認する」（真下専務理事）。「外国人監督」という確認されたはずの事項は闇に葬られた……。

さらに大友は、宿澤の次のような言葉を紹介している。

「理事会で承認されたことが、発表されたときには違っている。組織としてあり得ない。最高意志決定機関が機能していない。信じられない」

日本代表選手のオープン化、トップリーグ開催と、宿澤から理事会で立て続けに大きな改革を打ち出され、反対の声を押しつぶされた理事のなかには、「この上また外国人コーチか」という戸惑いがあった。

当事者の1人、真下はこう振り返る。

「確かに宿澤の意見は斬新だった。しかし、理事会には、斬新でグローバルな話が理解されにくい雰囲気もある。宿澤が強化委員長だった時代に、外国人コーチやスタッフを大勢抱えることに、なぜそんなカネのかかることをするのか、という意見が出たことがあった（注・ギャリー・ワレス以外にも、グレン・エラの実兄マーク・エラや、マーク・ベルがアドバイザーとなり、後にコーチに昇格した）。私自身は、W杯の現場を見て納得したし、誰でも現場を見れば納得できるのだが、見たことがない人間には理解ができなかった」

つまり、W杯がすでに5回行なわれていたにもかかわらず、当時の理事にはまだこの大会を現場で見ていない人間が多くいたのである。

ここに、日本の深刻な断絶があった。

スタッフとしてであれ選手としてであれ、一度でもW杯の場を経験した人間は、この大会がどれほど規模が大きく、またステイタスが高いかを、即座に理解した。いや、その場に立てば、今まで自分が知っていたラグビーとはまったく異なる、質が高く商業的にも大成功を収めているラグビーがあることを、瞬間的に体感させられた。

それは、残念ながら日本にいて試合の中継を見るだけでは理解できない世界であり、また想像もつかない世界だ。私自身、W杯の試合会場で、初めて大会を取材する記者から「ラグビーって、こんなにすごい人数を集められるんですね！」と言われたことがある。そのぐらい、W杯は遠い世界だった。

だから、そこで勝つことがいかに大変であり、かつ日本にとって重要であるかが、なかなか理解されなかった。


日本のラグビー界が、大学選手権や日本選手権といったイベントを打ち出して昭和の時代にブームを起こしたことはすでに述べたが、時代が21世紀となっても、その強烈な成功体験は、古参の理事たちのなかに頑固に居座っていた。日本協会自体が、歴史的に見れば伝統校ＯＢたちのサロン的な存在だったこともあり、極論すればＷ杯は〝他人事〟だった。

エディー体制で日本代表ゼネラルマネジャーを務めた岩渕健輔《いわぶちけんすけ》は、自身も平尾体制で選手としてＷ杯代表に選ばれた経験を持つ（試合出場はなし）が、当時の空気をこう話す。

「これまでの日本代表は、Ｗ杯の舞台でいったいどういうラグビーをするのかハッキリしていなかった。日本ラグビー界全体として『世界を目指す』ということも、本当には言っていない。ナショナルチームがＷ杯に行って勝手に試合をしてくる、みたいなスタンスで受け取られていたし、かなりドメスティックな考え方で世界に勝負しに行っていた。それでは勝てませんよ」

私自身は、なぜＷ杯でそこそこ世界と戦えるようになった手応えをつかんだ直後に、「中長期的強化」のような曖昧な目的で選手を入れ替えるのかずっと疑問に思っていたし、監督が宿澤から小籔に替わったときも、平尾から向井に替わったときも、一切引き継ぎが行なわれなかった事実に首を傾げていた（03年W杯で日本の全日程が終了した翌日の総括会見で、向井は引き継ぎがあったかどうかという質問に「なかった」と明確に答えている）。

選手たちは、自身のキャリアのなかで、W杯を目標に日々のゲームで自らに課した課題を乗り越えるよう、さまざまなテーマを持ってプレーしているのに、肝心の首脳陣に前任者からの継続的強化という発想がないのだ。

これは、岩渕が言うように「ドメスティックな考え方」のたまものだが、あるとき心理学者の岸田秀が書いた次のような一節に触れて、疑問が氷解した。

> われわれ日本人は（略）過ぎ去った時間は過ぎ去ったものとして忘れ去り、現在を起点とする時間をまた新たにはじめることができるのだ。ヨーロッパ人にとっては、時間は矢のように一方向に走っており、現在は過去の延長線上にあるが、われわれにとっては、時間は螺旋のようにめぐり、循環しており、（略）新しい繰り返しである。
>
> 岸田秀『忘年会』――『続ものぐさ精神分析』所載

つまり、W杯が終了すれば、その時点ですべてがリセットされてゼロになる。そして、また4年間ゼロからコツコツと強化を積み上げて、大会終了時点でまたリセットされて「忘れ去」られる。強化は、1が2になり、3になり……と続くアナログな積み重ねではなく、ゼロと1が延々と繰り返されて続くデジタルな「点滅」なのである。

これでは、前回大会の経験を踏まえて強化を上積みする世界の国々に勝てるわけがないし、日本としてどういうラグビーを世界に提示するかという大テーマも議論に上らない。

W杯を経験した選手たちは、「過去」と次の大会という「未来」を1つの継続した時間ととらえて日々のトレーニングに励むが、彼らを統括する日本代表というチームは、W杯でどういうラグビーをするかを時間的な継続性から切り離し、そのときそのときのHCの意志に委ねる。だから、HCの意図した方向が正しければ宿澤やエディーのように白星を挙げ、そうでなければ小籔時代のような屈辱的な大敗を喫する。その一方で、活躍した日本代表も惨敗した日本代表も、ラグビー界の中枢には所詮他人事でしかなく、すべてが1つの思い出として消費される。

だからこそ、19年W杯が目前に迫って日本代表の勝利が本当に求められているにもかかわらず、エディー体制の遺産を継承しようとしないジェイミー・ジョセフが、平然と「新しいスタイル」に取り組んで惨敗しても厳しい批判が沸き起こらない。

日本のラグビー界は、未だに「現在は過去の延長線上にある」という時間的な認識に到達していないのである。

▼迷走の末にJK降臨

04年のような惨敗が何をもたらすかといえば、それは混乱であり、秩序の崩壊であり、日本代表の迷走だった。

萩本が在任中の05年5月には、日本代表に選ばれた外国人選手が立て続けに夜の六本木で飲酒の末に暴行事件を起こし、当時未成年だったクリスチャン・ロアマヌと、前回W杯にも出場したルーベン・パーキンソン、フィリップ・オライリーの3選手が出場停止処分を受けた。

萩本は監督責任を問われての「警告」処分、勝田は同じ理由で「譴責」処分と、首脳陣がこの事件の責任を取って辞任することはなかったが、テストマッチではアジア勢を除けばホームでルーマニアに競り勝っただけでウルグアイ、アルゼンチン、カナダ、アイルランド（2試合）と負け続け、6月の春シーズン終了とともに辞任した。

日本協会は、これを機に強化委員長―監督という従来の体制を改め、日本代表を統括するゼネラルマネジャーを置き、その下にHCが就任することになった。初代のゼネラルマネジャーには太田治が就任し、新しいHCにはさまざまなツテをたどって見つけたフランス人、ジャン・ピエール・エリサルドが就任した。

しかし、エリサルドはしっかりとしたチームを作ることなく、母国のクラブチームとの二重契約が発覚して、こともあろうにW杯アジア最終予選の香港戦を前にした06年10月に解任された。

この間、06年6月17日に、宿澤が群馬県の赤城山山頂付近で心筋梗塞に見舞われ、そのまま帰らぬ人となった（享年55）。

04年から06年までの2年間、日本代表の周りには悪いニュースしか存在しなかった。


エリサルド解任と同時にHC代行となった太田は、かつてNECでチームメイトでもあったジョン・カーワン（JK）に白羽の矢を立て、後任のHCとなるよう交渉を重ねた。

カーワンは、87年の第1回W杯開幕戦のイタリア戦で、自陣ゴール前から約90メートルを独走する劇的なトライを挙げ、チームメイトのクレイグ・グリーンとともに、この大会のトライ王に輝いた。いわばオールブラックスの「レジェンド」である。しかも、03年W杯にHCとしてイタリア代表を率いて臨み、トンガ、カナダを破って2勝を挙げた実績があった。

迷走に迷走を重ねた末に、超大物が最後にHC候補として浮上したのである。

これで代表に対する期待が一気に高まった。

モチベーションをどう保つか苦労していた選手たちにもカーワンの名前は特効薬だった。

06年11月に日本は香港で香港、韓国に快勝してW杯の出場権を得た。

カーワンがまだHCとしての正式契約を終えていなかったために、太田がHC代行として指揮を執ったが、実質的にチームの指揮官はカーワンであり、あと1年でどういうチームが生まれるのかに期待が集まった。

03年W杯のさなかに「このままでは、今から準備しても次の大会に間に合わない」と危機感を募らせていた箕内拓郎は、カーワンがHCとなってからもキャプテンを任された。

そんな箕内に、07年大会が始まる直前に、「前回の大会で『今から準備しても間に合わない』と話していたが、今はどう考えているか」と質問したところ、こんな答えが返ってきた。

「確かにあのときはオーストラリアで間に合わないんじゃないかと思いましたが、トップリーグ

2007年　第6回　W杯

▶開催国　フランス、ウェールズ、スコットランド
▶期間　9月7日～10月20日
▶優勝　南アフリカ

日本代表成績　予選プールB
● 3－91　オーストラリア
● 31－35　フィジー
● 18－72　ウェールズ
△ 12－12　カナダ

日本代表メンバー

PR	山村　亮	ヤマハ発動機
	山本　正人	トヨタ自動車
	相馬　朋和	三洋電機
	西浦　達吉	コカ・コーラウエスト
HO	松原　裕司	神戸製鋼
	猪口　拓	東芝
	青木　佑輔	サントリー
LO	大野　均	東芝
	熊谷　皇紀	NEC
	ルアタンギ侍バツベイ	近鉄
	ルーク・トンプソン	近鉄
FL/NO8	Ⓒ箕内　拓郎	NEC
	渡邉　泰憲	東芝
	木曽　一	ヤマハ発動機
	ハレ・マキリ	福岡サニックス
	フィリップ・オライリー	三洋電機
	佐々木隆道	サントリー
	浅野　良太	NEC
SH	矢富　勇毅	ヤマハ発動機
	吉田　朋生	東芝
	金　喆元	近鉄
SO	小野　晃征	福岡サニックス
CTB	大西将太郎	ヤマハ発動機
	ナタニエラ・オト	東芝
	今村　雄太	神戸製鋼
	平　浩二	サントリー
CTB/FB	ブライス・ロビンス	リコー
WTB	小野澤宏時	サントリー
	遠藤　幸佑	トヨタ自動車
	クリスチャン・ロアマヌ	埼工大
	北川　智規	三洋電機
FB	有賀　剛	サントリー
	久住　辰也	トヨタ自動車
HC	ジョン・カーワン	日本協会

ができたおかげで何とか戦える準備ができました」

宿澤はすでに鬼籍に入っていたが、彼がスタートさせたトップリーグが、迷走に次ぐ迷走の間も、選手たちにまたとない強化の機会を与えたのだった。

しかし、自身も現役時代の晩年に日本でプレーしたカーワンは、就任当初から日本人選手の膝下への低いタックルを讃え、武士道について多く語ったが、言葉とは裏腹に日本人選手を信用していない節が見え隠れしていた。

顕著だったのは、ゲームの司令塔となる10番に誰を起用するかという問題だった。

カーワンが就任と同時に10番に据えたのは、当時NTTドコモ関西でプレーしていたジェームズ・アレジというニュージーランド人だった。

アレジは04年に来日し、すでに3年居住の代表資格を満たしていたが、チームはまだトップリーグ昇格を果たしておらず、全国的な知名度は低かった。ただ、代表デビューとなった韓国戦で柔らかいステップとパスで観客を魅了し、一躍W杯に向けた〝希望の星〟となった。

ところが1カ月後に、オールブラックスのレジェンドを集めたクラシック・オールブラックスと対戦した際に足首を骨折。これでW杯が絶望となった。

もう1人カーワンが日本代表に抜擢した10番候補が、当時20歳になったばかりの小野晃征だった。

小野は、3歳のときに両親がニュージーランド移住した関係で、以後は彼の地で育ち、07年に来日した当時は日本語がほとんど話せなかった。ラグビーの面でもニュージーランドのラグビー文化に育まれ、カンタベリー州の年齢別代表を経験し、U19カンタベリー代表でもあった。一方で、日本のラグビーに対する知識は皆無だった。

小野が当時を振り返る。

「自分としては、それまでニュージーランドでプレーしてきたことで選ばれたわけだから、それをやり続けるしかないと思っていた。だから、周りの選手は合わせづらかったんじゃないかな」

カーワンもまた、小野を日本的なラグビーにアジャストさせようとはしなかった。

15年W杯で大活躍し、日本代表躍進の原動力となった背番号10は、まだ07年段階では大学を中退して日本にやってきた、日本代表資格を持つ〝若手ニュージーランド人選手〟に過ぎなかった。カーワンが求めていたのは、日本的なラグビーのエッセンスを体現できる10番ではなく、自分と英語でコミュニケーションが取れて、かつニュージーランド的なラグビーのエッセンスを理解している10番だったのである。

そして、カーワンが抱く勝利を具体的に追求するエネルギーは、予想もしない方向に向かうことになった。

前回のW杯から問題になっていた変則日程に対応するために、チームを、勝利を望める相手に向けて送り出す主力組と、勝利が難しい相手にぶつける控え組の2つに分けた。

このツープラトンシステムが、ＪＫジャパンの特色となったのだった。

▼ツープラトンシステムが行き着いたところ

カーワンがツープラトンシステムを初めて採用した03年W杯のイタリアは、次のような成績を残した。

03年10月11日に、控え組を起用してニュージーランドと戦い７－70と大敗。メンバーを大幅に入れ替えて中３日でトンガ戦に臨むと、厳しい条件にもかかわらず36－12で勝利した。中５日と間隔が延びたカナダ戦にも19－14と競り勝ち、またもや中３日となった最終戦は、ウェールズに総力戦でチャレンジして15－27と敗れた。

07年に日本代表を率いてフランスW杯に臨む際も、９月８日に強豪オーストラリアと戦い、中３日でフィジーと戦う日程を見て、この成功体験が胸をよぎったのだろう。カーワンはキャプテンの箕内をはじめ主力選手を初戦には出場させず、10番には小野を起用。前述のように周りの日本人選手のプレーを来日するまで見たこともなく、自分がこれまでやってきた通りのプレーで臨んだ小野が上手くゲームをコントロールできるわけもなく、日本は３－91と敗れた。

続く12日のフィジー戦ではベストメンバーを組み、勝利を狙いに行った。

試合は終盤に日本が追い上げ、フランスでも屈指のラグビー熱狂都市トゥールーズの観客を興奮させる展開になったが、終盤にフィジーをゴール前に釘付けにしながらトライを奪えず、日本は31－35で敗れた。

直接の敗因は、先発スクラムハーフの吉田朋生《よしだともき》を、後半途中にスピードが持ち味の矢富勇毅《やとみゆうき》に替えて反撃に出たところで矢富が足を痛め、最後の15分間、スタンドオフに入っていたブライス・ロビンスがスクラムハーフを務めたところにあった。

スクラムハーフは、スクラムやラインアウト、あるいは攻撃が継続している間に次々とできる密集からバックスにボールを供給する専門職的ポジションだ。バックスのポジションなら、ほぼどこでもこなせるブライスも、これが初体験だった。そのために、ボールを継続し、分厚い波状攻撃を仕掛けながらも、バックスが「ここで欲しい！」というタイミングでボールが供給されなかった。

結局、最後はアドバンテージが日本に出ていると勘違いしたルーク・トンプソンがインゴールにボールを蹴り込んで、チャンスが潰えた。

皮肉なことに、カーワンが指揮したW杯で、日本のラグビー環境で育った日本人選手がスタンドオフを務めたのは、ロビンスがスクラムハーフのポジションに入り、12番でセンターを務めていた大西将太郎が10番の位置に入ったこの15分間だけだった。それを除けば、07年も11年も、W杯で10番を背負ったのは、ニュージーランドのラグビー文化で育てられた選手たちだった。

続くウェールズ戦は、中7日と時間的な余裕があったにもかかわらず、18－72と大敗。確かに夏を思わせるような天候が続いたトゥールーズから、いきなり秋真っ只中のカーディフへの移動は体調管理の面では多少の難しさはあったが、フィジーはさらに短い試合間隔でカーディフに移動し、カナダを破ってグループリーグ突破に望みをつなげた。

日本も、自陣のカウンターアタックからつないで遠藤幸佑《えんどうこうすけ》が奪ったトライは現地で絶賛されたが、単純に条件を比較しても圧倒的に不利だったフィジーの方がはるかにタフだった。実際、フィジーは最終戦でウェールズを破って第1回大会以来となる2度目のベスト8進出を達成した。

そして、8強進出も、次回大会の出場権が獲得できるプール3位も、可能性がなくなった日本は、同じような状況に追い込まれたカナダと、最終戦で対戦した。

日本は、5－12で迎えた試合終了直前にペナルティキックから攻撃を仕掛けて平浩二《たいらこうじ》がトライを奪い、大西が難しい角度からコンバージョンを決めて12－12の引き分けに持ち込み、95年W杯ウェールズ戦から続いた連敗を13で止めた。

リードされていた状況から最後は必死に反撃して引き分けに持ち込んだのだから、〝勝ちに等しい引き分け〟と言えるが、この試合に出場していた小野澤はずっと悔し涙を流し続けていた。

時計が40分を指す前に得たペナルティキックで、日本はゴールを狙わずに攻めたのだが、小野澤は、そこでペナルティゴールを狙って3点を追加し、最後のカナダのキックオフから逆転トライを狙うべきだと、試合中から主張し続けていたのである。

このとき交代ですでにピッチを離れていたキャプテンの箕内は、15年W杯直前にインタビューした際、小野澤のエピソードを紹介すると、「え、そんなことがあったんですか？」と驚いた。そして、「もし、僕がピッチにいたら絶対に3点を狙ったでしょう」とコメントした。引き分けではなく、あくまでも勝利にこだわるならば、まず3点を返してラストチャンスに逆転を狙う以外に可能性はないのだから、小野澤の考えの方が理にかなっていた。

03年にオーストラリアでW杯に出場してから、小野澤は次の大会での勝利のために厳しいトレーニングを重ねてきた。柔らかく変幻自在なステップで相手を抜き去るランニング能力は当時から高く評価されたが、ディフェンスが弱いとも指摘された。その課題を克服すべく、小野澤はトップリーグでも常にディフェンスを意識してプレーし、07年には頼りになるウイングになっていた。それは、07年大会直前のポルトガルとの強化試合でアキレス腱を断裂してフランスW杯を断念した大畑大介が、99年から03年にかけての4年間でディフェンス能力を飛躍的に向上させた姿を彷彿とさせた。

しかし、チームの趨勢は、キャプテンが退いたこともあって、一か八かで勝利を狙うよりも負けないことを選択する方向に傾いていた。

そうなった原因のすべてがカーワンにあるわけではないが、ツープラトンシステムを導入してまで勝利にこだわったチームは、最終戦の土壇場であくまでも勝利を追求するのか、それとも負けないことを選択するのかという重要なディーテイルについて、意思統一ができなかった。

日本にとってのフランス大会は、ツープラトンシステムを導入しても勝てなかったという事実と、連敗が13で止まったという事実だけを残して終了した。

カーワンは、07年W杯終了後も引き続き日本代表の指揮を執ることになり、日本ラグビー史上初めて1人のHCが2大会続けてW杯で采配を振ることになった。

代表強化の継続性という観点に立てば、これは歓迎すべきことだった。

前回大会の結果を詳細に検証して次回大会に臨む方針を決め、それに沿って4年間をフルにチーム強化に当てることができるのだ。しかも、カーワンが正式に日本代表HCに就任したのは07年1月1日であり、確かにW杯までの強化期間が短かったのも事実だった。

問題は、カーワンが前回大会のジャパンから何を継続し、どこをさらに強化しようとしたか、だった。

カーワンが継続したのは、日本代表資格を持つ外国人選手を発掘することであり、強化を試みたのは日本代表のサイズを大きくすることだった。それも、トップリーグの試合をこまめに視察し、日本人でサイズに恵まれた選手がいればスコッドに呼んで可能性を試す、という方向に絞ったのだ。

象徴的だったのは、11年W杯代表に、すでに日本を離れてイングランドのクラブでプレーをしていたジェームズ・アレジを選び、4試合中3試合で司令塔を任せたことだった。つまり、日本でプレーしていない選手を日本代表に選んだのである。

この〝奇策〟は、しかし、功を奏しかけた。

W杯初戦のフランス戦で、アレジは2トライ1コンバージョン3ペナルティゴールと日本の全21得点を叩き出し、後半17分に21－25と4点差に迫ると、そこから8分間、ゲームはどちらに転ぶかわからない混沌とした様相を見せた。

スタンドの記者席から見た限りでは、フランスは日本の思わぬ反撃に明らかに浮き足立って、

2011年　第7回　W杯

▶開催国　ニュージーランド
▶期間　9月9日～10月23日
▶優勝　ニュージーランド

日本代表成績　予選プールA
● 21－47　フランス
● 7－83　ニュージーランド
● 18－31　トンガ
△ 23－23　カナダ

日本代表メンバー

PR	平島　久照	神戸製鋼
	川俣　直樹	パナソニック
	湯原　祐希	東芝
	畠山　健介	サントリー
	藤田　望	ホンダ
HO	青木　佑輔	サントリー
	堀江　翔太	パナソニック
LO	大野　均	東芝
	北川　俊澄	トヨタ自動車
	トンプソン・ルーク	近鉄
	ジャスティン・アイブス	パナソニック
FL	Ⓒ菊谷　崇	トヨタ自動車
	マイケル・リーチ	東芝
	バツベイ シオネ	パナソニック
NO8	ホラニ龍コリニアシ	パナソニック
	谷口　到	神戸製鋼
SH	田中　史朗	パナソニック
	吉田　朋生	東芝
	日和佐　篤	サントリー
SO	ジェームス・アレジ	ノッティンガム【ENG】
	マリー・ウィリアムス	豊田自動織機
CTB	今村　雄太	神戸製鋼
	ニコラス・ライアン	サントリー
	平　浩二	サントリー
	アリシ・トゥプアイレイ	キヤノン
WTB	小野澤宏時	サントリー
	遠藤　幸佑	トヨタ自動車
	宇薄　岳央	東芝
FB	ウェブ将武	コカ・コーラウエスト
UtilityBK	上田　泰平	ホンダ
HC	ジョン・カーワン	日本協会

我を忘れていた。しかし、日本が攻勢に出ているさなかにキックパスがタッチラインを直接割ってフランスボールのラインアウトになったことでゲームの流れは反転。落ち着きを取り戻したフランスは、26分に3点を加えると最後の10分間に3連続トライを奪い、21－47と一気に勝負をつけた。

26点差がついた敗戦だったにもかかわらず、試合のMVPでもある「マン・オブ・ザ・マッチ」に選ばれたのはアレジであり、その事実がこの試合の様相を物語っていた。

これで日本のチームは勢いづいた。

次は優勝候補の大本命である地元ニュージーランドとの対戦だが、アレジをはじめ、ニュージーランドで生まれ育ちながら日本代表として母国に戻ってきた選手たちは、試合後の高揚感もあって、口々に「オールブラックスと対戦することを楽しみにしている」と話した。

この11年は、2月22日にニュージーランドのクライストチャーチで大きな地震があり、日本の富山外国語専門学校の留学生12名を含めて185名が亡くなった。また同市で予定されていたW杯の試合が、スタジアムが被災したために代替地での開催となるなど、甚大な被害が出た。

3月11日には東日本大震災が起こり、未曾有の大被害が日本を襲った。

その両国が、W杯の場で対戦する。

会場となったハミルトンのワイカト・スタジアムでは、試合開始に先立ってニュージーランドのジョン・キー首相と日本協会の森喜朗《もりよしろう》会長が出席して追悼セレモニーが行なわれ、2つの震災で犠牲となった人々に黙禱が捧げられた。

両国にとってこの試合は、単なるW杯の1試合にとどまらず、非常に重く位置づけられるべき試合だった。

しかし、ジョン・カーワンが選んだメンバーは、07年オーストラリア戦同様に日本人中心の〝控え組〟だった。

格上のチームに対して、しかも、協会会長が臨席して追悼セレモニーが行なわれる格付けの試合に、カーワンはベストメンバーを出さなかった。

当初はベストメンバーを出すと言っていたオールブラックス側も、日本がメンバーを落とすことを知って、負傷を理由に一部のメンバーを入れ替えた。

確かにニュージーランド戦から中4日で、この大会で日本が勝利を見込めるトンガとの対戦が控えていたが、当時すでに日本が19年にW杯を開催することは決まっていて、いわば将来の開催国が自ら大会のステイタスをおとしめたと受け取られても、反論ができないようなメンバー起用だった。

この采配に対して日本国内でもラグビーと関係のない人たちから批判が上がった。

朝日新聞では、柴田直治が11年10月6日朝刊のコラム「社説余滴」で、「紳士の名が泣くノーサイド」と題してこのメンバー編成を批判した。
コラムの書き出しは、こうだ。

「世界を驚かせる準備はできた」。ラグビーのW杯で、日本代表を率いたカーワン・HCの大会前の言葉だ。

世界はともかく、門外漢の私は確かに驚いた。えっ、そんなことがあるのかよ、と。

柴田の批判は的確で、鋭くカーワンの欺瞞をついていた。
たとえばこんな一節がある。

強豪が主力を温存することはある。それなら格下ががんばって、格上の主力を引き出せばいい。(略)だが逆の立場なら、これは「無気力相撲」に相当する。清宮克幸《きよみやかつゆき》・ヤマハ発動機監督は「ロマンがない」と断じていた。しかし、なかったのはスポーツにかかわる者の最低限のマナーである敢闘精神だったと思う。

そして、こう結ぶ。

私はスポーツ担当ではない。（略）それでも書いているのは、ラグビー関係者から目立った反応がみられないことに強い違和感を覚えているからだ。

協会がコーチに苦言を呈したわけでもなければ、ファンの猛反発やマスコミの批判の嵐もなかったようにみえる。

1995年のW杯で、日本は同じNZに歴史的大敗を喫し、その後人気は低迷した。

日本は8年後にW杯を開催する。それまでに失地回復し盛り上がりを期待できるか。

ラグビー協会のキャッチフレーズは「『ノーサイドの精神』を、日本へ、世界へ」

（略）その精神に恥じなく、と願う。

日本のラグビー界は判断停止、または思考停止状態になっていた。とにかく次のトンガ戦の結果を待とう——という空気が支配的だった。

しかし、カーワンの決断はチームのパフォーマンスにいい影響を与えなかった。

必勝を期したはずのトンガ戦、日本は立ち上がりから明らかにおかしかった。

トンガのキックオフを受けての立ち上がり、日本はこれまでほとんどやらなかった自陣ゴール前からのアタックを敢行したあげくにボールを落とし、いきなりピンチを迎えた。7分にトライを奪われ、13分には畠山健介《はたけやまけんすけ》がトライを返したが、直後のキックオフで信じられないようなディフェンスミスが起きて、また突き放された。

最終スコアは18－31。

試合を観戦していた高校日本代表監督は「こんな試合のあとで、いったい高校生に何を教えればいいんだ……」と愚痴をこぼし、トップリーグの試合を長く撮影しているフォトグラファーは、日本人選手の具体的な名前を挙げて、なぜ彼らが代表に選ばれていないのか疑問を呈した。

そのとき挙がった名前が、東芝ブレイブルーパスでキャプテンを務めた廣瀬俊朗であり、この年の4月にパナソニックワイルドナイツと名前が変わった三洋電機でキャプテンを務めていた霜村誠一《しもむらせいいち》だった。

彼らはいずれも卓越したリーダーシップの持ち主で、ゲームがおかしくなり始めたところでチームを建て直し、修正する術に長けていた。しかし、体が小さいことを理由に、JKジャパンには選ばれていなかった。

廣瀬自身は代表に選ばれなかったことについて「単純に僕のパフォーマンスが良くなかった。僕が監督だったら、そのときの僕を落としていたでしょう」と総括しているが、チームの外にいる人間は、彼が必要だと考えていた。実際、トンガ戦を前にバックスに負傷者が出たときには、日本の記者たちは一瞬彼らのうちの誰かがニュージーランドに呼ばれるのではないかと淡い期待を抱いたが、呼ばれたのはブライス・ロビンスだった。

こうしてニュージーランド戦を〝捨てて〟まで必勝を期したトンガ戦に敗れ、カーワンの戦略は実質的に終焉を迎えた。

最終戦となったのは前回大会に引き続いてカナダ戦だったが、日本が17－7と前半をリードしながら最終的に追いつかれ、23－23と2大会連続引き分けという珍記録を作って大会全試合を終えた。

大会を通じて日本人選手の力が少しずつ向上していることは実感できたが、トップリーグを見ていれば、もっと活躍できそうな日本人選手がいるのではないか、という疑問もまた頭から離れなかった。

W杯の場で続いた敗北の悔しさをかみ殺しながらも、選手たちは世界で戦い、勝利することを諦めていなかった。

彼らの思いを感じれば感じるほど、なぜ日本代表は彼らの熱意をくみ取り、さらに世界に飛躍させるための手助けをしないのかと、疑問は募るばかりだった。

日本がW杯で戦い続けた歴史を振り返れば、結局のところ、浮かび上がるのは個々の選手たちの力を統合して最大化することができない、代表チームのマネジメントの拙さだった。

そして、2012年。

国内シーズン最後の日本選手権が終了すると、11年W杯終了後に辞意を表明したカーワンに替わって、それまでサントリーサンゴリアスの監督を務めていたエディー・ジョーンズが、日本代表HCに就任した。

宿澤広朗が04年に理事会で「外国人プロフェッショナル・コーチ」を日本代表監督に据えることを提案してから7年。ようやく日本ラグビー意中のコーチが指揮を執ることになった。

それから3年半が過ぎた15年9月19日。

日本代表は、イングランドの風光明媚な海辺の観光都市、ブライトンで行なわれた第8回W杯イングランド大会初戦で、優勝候補の一角、南アフリカ代表スプリングボクスに34－32と劇的な逆転勝利を収めた。

「ブライトンの奇跡」と呼ばれたこの日まで、エディーはどういうコンセプトでチームを作り、そして選手を鍛え上げたのか。

その軌跡のなかにこそ、日本がW杯で世界と対等に戦うためのエッセンスが詰まっていた。

エディー・ジョーンズ

第５章

日本代表を世界で勝たせたリーダーの資質

▼ブライトンの奇跡

観客席では日本人サポーターが、まだ試合途中にもかかわらず大粒の涙を流していた。

テレビカメラは、さらにアングルを変えて違うサポーターを映し出す。

日本代表のレプリカジャージーを着たイングランド人の若い女性が、声を限りに叫んでいた。

読唇術を心得ていなくても、何を叫んでいるかは見て取れた。

「カモーン、ジャパン！」だ。

時間は終了まであと数分を残すのみ。

南アフリカ32－29日本。

日本のキャプテン、リーチ・マイケルがレフェリーのジェローム・ガルセスに短く言葉を伝え、両チームの選手がスクラムに備えた。

　場内の興奮は一気に頂点に達した。


　スタジアムが狂騒状態に陥ったのは、ゲームが南アフリカの反則で止まる直前まで、日本が21次に及ぶ長く執拗なアタックを継続し、自陣深くに蹴り込まれたボールを、ただの一度もミスすることなく南アフリカゴールラインまで運んだからだった。

　生身の人間が15人懸命に走って奇妙な形をしたボールをつなぎ、それを阻止するやはり生身の15人と苛烈な肉弾戦が繰り広げられた。

　呼吸することさえ忘れるようなダイナミックな動きと、格闘技を思わせる肉のぶつかり合いの両立――それこそが、ラグビーが持つ最大の魅力である。

　日本は、劇的な逆転トライを奪う前から、すでに観客の、いや、テレビ観戦している人間も含めれば、地球上の何億人もの心をわしづかみにしていた。


　ビート・ザ・ボクス――BEAT THE BOKS――。

　宮崎で延々と行なわれた日本代表合宿では、エディーがそう命名した練習が繰り返された。

　ボクスとは、スプリングボクスの愛称で知られる南アフリカ代表のことで、胸のエンブレムとなっているアフリカ大陸最南部に生息するウシ科の動物が、スプリングボックだ。

エディーは、07年W杯フランス大会で南アフリカのテクニカル・アドバイザーを務め、彼らが2度目の頂点に立つのをサポートした。それだけに、彼らがどれだけの力を持ち、選手個々がどういう能力を備えているかを熟知していた。

単純に考えれば日本が南アフリカに勝つ可能性は限りなくゼロに近かった。

私も含めて多くのラグビー記者やコーチは、日本がどんなに善戦しても南アフリカを倒すこと

2015年　第8回　W杯

▶開催国　イングランド
▶期間　9月18日〜10月31日
▶優勝　ニュージーランド

日本代表成績　予選プールB
○34－32　南アフリカ
●10－45　スコットランド
○26－ 5　サモア
○28－18　アメリカ

日本代表メンバー

PR	三上　正貴	東芝
	稲垣　啓太	パナソニック
	畠山　健介	サントリー
	山下　裕史	神戸製鋼
HO	堀江　翔太	パナソニック
	木津　武士	神戸製鋼
	湯原　祐希	東芝
LO	トンプソン・ルーク	近鉄
	大野　均	東芝
	真壁　伸弥	サントリー
	伊藤　鐘史	神戸製鋼
LO/FL	アイブス・ジャスティン	キヤノン
FL	Ⓒリーチ・マイケル	東芝
	マイケル・ブロードハースト	リコー
FL/NO8	ツイ・ヘンドリック	サントリー
NO8	アマナキ・レレイ・マフィ	NTTコミュニケーションズ
	ホラニ龍コリニアシ	パナソニック
SH	田中　史朗	パナソニック
	日和佐　篤	サントリー
SO	小野　晃征	サントリー
	廣瀬　俊朗	東芝
SO/CTB	田村　優	NEC
	立川　理道	クボタ
	クレイグ・ウィング	神戸製鋼
	マレ・サウ	ヤマハ発動機
CTB/WTB	松島幸太朗	サントリー
WTB	山田　章仁	パナソニック
	カーン・ヘスケス	宗像サニックス
	福岡　堅樹	筑波大学
WTB/FB	藤田　慶和	早稲田大学
FB	五郎丸　歩	ヤマハ発動機
HC	エディ・ジョーンズ	日本協会

2015年9月19日
ブライトンコミュニティスタジアム

日本	34－32	**南アフリカ**
前半	10－12	
1T 1G 1PG		2T 1G
後半	24－20	
2T 1G 4PG		2T 2G 2PG

日本代表メンバー

PR	三上正貴→稲垣啓太
HO	堀江翔太→木津武士
PR	畠山健介→山下裕史
LO	トンプソン・ルーク
	大野均→真壁伸弥
FL	リーチ・マイケル
	マイケル・ブロードハースト
NO8	ツイ・ヘンドリック→アマナキ・レレイ・マフィ
SH	田中史朗→日和佐篤
SO	小野晃征→田村優
WTB	松島幸太朗
CTB	立川理道
	マレ・サウ
WTB	山田章仁→カーン・ヘスケス
FB	五郎丸歩

は起こり得ないと考えていた。

私自身について言えば、南アフリカが95年の第3回W杯開幕戦で前回王者オーストラリアを倒したゲームや、第4回大会で同じオーストラリアと準決勝で対戦し、敗れたものの双方ノートライで延長戦にもつれ込んだ壮絶な試合を現場で目撃していた。パリで南アフリカがイングランドを破り、小柄なエディーが巨人揃いといったスプリングボクスの面々と喜びを分かち合う様も目撃した。そして、彼らの意を決したタックルの激しさに目を瞠り、ボール争奪やセットプレーで見せる力強さに驚嘆した。心をギュッと締めつけられるような強さが、記憶にあるスプリングボクスだった。

トップリーグにも、近年は南アフリカの選手たちが続々とやってきて、ひたむきで力強いプレーを披露していた。

W杯で日本が対戦するスプリングボクスにも、スカルク・バーガー、フーリー・デュプレア（いずれもサントリーサンゴリアス）、JP・ピーターセン（パナソニックワイルドナイツ）とトップリーグでプレーしている選手が名を連ねていた。

この3人のプレーぶりは、トップリーグという尺度のなかで見れば、文字通り別格だった。身体能力やスキルだけではなく、ルールに精通し、ラグビーの機微を理解した彼らの存在感は圧倒的で、別な次元でプレーしているような印象さえ受けた。

エディーは、そんな彼らを倒すための秘策を「カオス・プラス」と名づけて選手たちに伝えた。強力なセットプレーを背景に、チームの戦略＝ストラクチャーに基づいてプレーをするスプリングボクスに対し、ボールを継続したアタックを仕掛けることで防御時間を減らし、いくつもの仕掛けを施して相手を驚かせ、パニックに陥れる。そして、カオスのなかで攻守のストラクチャーを無力化して、日本のペースでゲームを運べば勝機が見えると諭したのだ。

別な言い方をすれば、カーワンならば控え組を先発させるような強大な相手に対してエディーは研究に時間を割き、自ら立てたプランを遂行させるために選手たちを徹底的に鍛え上げた。

ビート・ボクスも、そのなかで行なわれた練習だった。

試合と同じように防御をつけ、厳しい圧力のなかでいかに長くボールを動かしてアタックを継続できるか。それをテーマに、ミスが起これば怒声と同時に新しいボールが入れられて、また同じ練習が延々と続く。

巨漢揃いのスプリングボクスと対等に戦うためにフィジカルも徹底的に鍛えられた。

選手たちが「ヘッドスタート」と呼んだ早朝からのウェイト・トレーニングは、1日の始まりを告げるルーティーンだった。

6月には代表スコッド全員が宮崎にほぼ軟禁に近い状態で拘束され、選手だけではなく、スタッフまで精神的なストレスが昂じて逃げ出したくなるような状況に追い込まれた。しかし、それでも誰もが歯を食いしばり、エディーが言う「ハードワーク」の日々に耐えた。

その時期に培われた正確さへのこだわりが、本大会の大舞台で生きた。

南アフリカ戦で日本が犯したハンドリング・エラーはわずかに3。つまり、日本はあの壮絶な80分間に、わずか3回しかボールを落とさなかったのである。

ブライトンで観客を興奮の坩堝に叩き込んだ21次攻撃は、立川理道のカウンターアタックから始まった。

南アフリカのデュプレアが日本陣深く蹴り込んだボールに駆け戻り、山田章仁《やまだあきひと》からパスを受けるとまっすぐ前に走り出した立川は、タックルされても相手の腕がほどけた瞬間に立ち上がり、ひたむきに前に出続けた。倒されれば一度ボールを手放して拾い直し、この試合のほとんどすべての場面でそうしたように匍匐《ほふく》前進で50センチでも1メートルでも前に向かって這った。

立川がしゃにむに前に出てハーフウェイラインを越えたことで、残る選手のポジショニングが容易になり、一連の攻撃に勢いを与えた。

エディーが、トップリーグの試合でプレーを見た瞬間に代表入りを決めた秘蔵っ子、アマナキ・レレイ・マフィが激しく相手にぶち当たり、そこからまたボールが継続される。21回の密集を経たボールは、日和佐篤《ひわさあつし》の手からマイケル・ブロードハーストに渡り、ブロードハーストは視界にゴールラインと防御に立つピーターセンをとらえた。

右を見れば五郎丸歩がパスコースに走り込もうとしていた。そして、五郎丸に向かって防御に戻るデュプレアの姿も目に入った。

1対1のタックルに強く、ゴールラインを背負ったディフェンスに定評のあるピーターセンに、左タッチラインに近い位置で自分が突進するよりも、小柄なデュプレアに体格で上回る五郎丸を直進させた方がトライになる可能性が高い――たとえトライにならなくとも次の展開が有利になる――身長196センチ体重110キロのブロードハーストは一瞬のうちに判断を下して右にパスを放った。

ボールを受けた五郎丸は迷うことなくデュプレアに向かって直進し、デュプレアもまたスプリ

立川理道(左上)　山田章仁(右上)　日和佐篤(左下)　五郎丸歩(右下)

ングボクスのプライドを懸けて五郎丸を体ごと抱え込み、ボールをインゴールにつけさせないように倒した。

そこに両チームのサポートが結集して密集が形成され、ガルセスの長い笛が鳴った。

トライか否か。

南アフリカにペナルティだ。

日本はボールをタッチラインに蹴り出して、ラインアウトからモールを押し込む。

南アフリカも懸命に押し戻そうとして、肉の塊がゴールライン上に崩れ落ちる。

またもやトライか否か判断が微妙な状況が生まれた。

TMOによってビデオで検証された結果、日本のトライは認められず、ガルセスはもう一度南アフリカに反則を科した。


メインスタンド上段のコーチボックスではエディーが「ショットだ！」と叫んでいた。

ペナルティゴールを決めれば32－32で引き分ける。

ペナルティゴールを選択せずに攻撃を決断すれば、トライの5点で日本に勝利が転がり込む反面、南アフリカに守り切られてこのまま「惜敗」に終わる可能性もある。

指揮官は通訳の佐藤秀典《さとうひでのり》に何度も「ショットだと伝えたのか！」と怒声を浴びせ、椅子を蹴り上げた。

リーチは迷わなかった。

試合当日の朝、エディーとカフェでひとときを過ごし、そのとき「3点なのかトライを狙うかの判断はおまえに任せる」と告げられていた。

だから、引き分けではなく、勝利に至る選択肢を選んだ。

スクラムを選択したのは、ゲーム終盤にきて日本が優位に組めている手応えがあったからだ。

また、直前の反則で南アフリカのコーニー・ウェストハイゼンにイエローカードが出されて相手の人数は1人少なくなっていた。

まさか指揮官がスタンドで怒り狂っているとは想像もしなかったリーチは、ただただ、目の前に横たわるラインを越えてトライを奪い、勝利を手中にすることだけを考えていた。


トライが生まれた過程もスリリングだった。

自信を持ってスクラムを選択した日本に対して、南アフリカは、ありったけの技巧と〝裏ワザ〟を駆使して押し込ませなかった。

スクラムは両チームの渾身の力がぶつかって、3回続けて崩れ落ちた。

日本にすれば、南アフリカが故意にスクラムを崩し、その反則がなければトライが生まれたとレフェリーが判断してくれればペナルティトライを獲得できる。しかし、さすがに判定が試合を決めることがわかっているだけに、ガルセスも慎重だった。

もう1つ、エディーのもとで、W杯で日本の試合を担当するレフェリーについて詳細に傾向と対策を分析したレフェリー、平林《ひらばやし》泰三《たいぞう》はガルセスについてこうレポートしていた。

「スクラムをまっすぐに押さず、角度をつけて自チームに有利なように組んだ場合に取られる反則『アングル』を、ほとんど取らない」

選手たちも情報を共有していた。おそらく南アフリカの選手たちも、同じような分析をしていたのだろう。南アフリカのフロントロー（スクラムの前3人）は、組むたびに強烈にアングルをかけてきた。

4回目のスクラムで、リーチの選択が裏目に出そうになった。

スクラムの最前列左端に位置する稲垣《いながき》啓太《けいた》がトイメンのヤニー・デュプレッシーに強烈な押しを真横から食らった。稲垣の右隣にいた木津《きづ》武士《たけし》は、相手が組むタイミングがレフェリーの合図よりも早かったように感じたので、一瞬「反則ではないか？」と動きを止めた。その結果、日本は横からの強烈な圧力を受けてボールを失いそうになった。

最後尾にいたマフィが辛うじて左足のつま先でボールをコントロールしていたが、それをさばく役目の日和佐は、トイメンでサントリーのチームメイトでもあるデュプレアに突き飛ばされて、一瞬、地面に倒れ込んだ。それでも、足下からこぼれ出たボールをマフィが身を投げ出して確保し、日和佐がすぐに起き上がったことで攻撃がなんとか継続した。

リーチがすぐにボールをもらい、相手にタックルされて次のアタックへの起点をつくった。

アマナキ・レレイ・マフィ（上）　カーン・ヘスケスのトライ後（下）

そこからボールがなめらかに動き出し、日本は右へ右へと攻めた。

リーチは右コーナーに向かって走り、折り返しの攻撃の起点を作った瞬間、両足に痙攣を起こして完全に動けなくなった。

左へ折り返そうと日和佐がボールを持ったとき、後方から五郎丸がトップスピードで走り込んできた。ゴールライン上で次の防御に備える、南アフリカの重鎮、スカルク・バーガーとビクター・マットフィールドの動きを封じるために、囮役として走り込んだのだ。そして、五郎丸もまた、そこで足を攣《つ》った。

日和佐のパスを受けた立川も、スクラムが組まれる時点で足を攣りかけていた。しかし、組み直しの間に何とか回復し、小野晃征から引き継いだ司令塔の役割を果たしていた。

この最後の瞬間、立川の目に止まったのは、左側で大きく手を振るマフィの姿だった。その間にはトンプソン・ルークと木津が立っていた。

エディーがバックス陣に授けた指示は「絶対に飛ばしパスを放るな！」だ。近接する味方の頭を越えて遠くにいる味方に放る長いパスは、インターセプトを狙われるリスクが高いからだ。

一方で、マフィが代表に加わって以来、立川、小野、そして田村優の3人の司令塔にはこんな指示が徹底されていた。

「まずマフィにボールを持たせろ！」

この状況で2つの指示を両立させるのは不可能だった。

だから立川は1つの指示を無視して、もう1つの指示を実行した。

マフィに飛ばしパスを放ったのだ。

ボールを受けたマフィは左に目をやった。

南アフリカの最後の砦、ピーターセンの肩がどこに向いているかを確かめた。

自分の左でボールを待つカーン・ヘスケスか。

それとも自分に向いているのか。

もし、ピーターセンが自分ではなく、5分前にピッチに入ったばかりのヘスケスに肩を向けてディフェンスに行こうとするならば、その背中目がけて走って自らゴールラインを陥れる。

反対に肩を自分に向け、あくまでもこちらにタックルしようと構えているなら、ギリギリまで接近してヘスケスにボールを託す。

肩は自分に向けられていた。

マフィは十分にピーターセンの注意を引きつけてから隣のヘスケスにパスを放った。

パスを受けたヘスケスは、体の内側から湧き上がる得体の知れない感情に突き動かされ、雄叫びを挙げながら無我夢中でゴールラインへと走った。

そして、世界のラグビー史に残るトライを記録して、拳を突き上げた。

選手たちが駆け寄って歓喜の輪が生まれ、スタンドでは、本来ならばピッチに背を向けて観客が乱入するのを防ぐはずの警備員たちが、黄色いビブスをつけたまま、拳を突き上げて今目撃したばかりの「奇跡」に歓声を挙げていた。

ウェールズのカーディフでは、パブに集まったラグビー狂たちが、自分たちの代表が未だに成し遂げていない南アフリカからの勝利を挙げた日本を祝福し、「ジャパン、ジャパン!」と叫びながら飛び跳ね、あちこちで抱き合った。

歓喜のうねりがようやく収まり、リーチは記者会見に出席するために通路に向かった。そして、そこで試合後初めてエディーと顔を合わせ、握手を交わした。

エディーは、椅子を蹴飛ばしたことなど忘れたように笑みを浮かべ、「おめでとう!」とキャプテンを祝福した。

世界のラグビー史にいつまでも残る「史上最大の番狂わせ」はこうして幕を閉じ、「ブライトンの奇跡」として、いつまでも人々の記憶に残ることになった。

▼ハードワークと勝利の味

12年の就任記者会見で、私はエディーにW杯でどんな相手に対してもベストメンバーを組むのか訊ねた。

エディーは「W杯ではどんな相手に対してもベストメンバーを組む」と断言した。

もちろん、前任者のツープラトンシステムを踏まえての発言だったが、就任の際に話した言葉を守って、W杯本番の初戦にベストの日本代表を送り出した。

そして、卓越したコーチングで最大限に潜在能力を引き出せば、日本は世界の強豪国とも戦えるのではないかという、古くからのラグビーファンが信じていたストーリーを現実のものにした。

ブライトンの奇跡の詳細を検証すると、それまで日本がW杯でことごとく失敗した局面を、しっかりした準備で乗り切ったことがわかる。

細かい戦術面では、それまで自陣からでもパスを回してアタックを仕掛けた積極性を少し引っ込め、五郎丸の長いキックで地域を獲得するオプションを織り交ぜた。ただ、それも、何が何でも自陣からキックではなく、状況に応じてパスを回し、ランニングプレーを見せたことで南アフリカのディフェンスにどちらでくるのか的を絞らせなかった。

それから、密集ができたときに一度オープン側（広いサイド）にボールを回して立川を、南アフリカの10番パット・ランビーに激しくコンタクトさせ、密集ができると今度はタッチライン側の狭いサイドにボールを動かした。五郎丸は「タックルの強い選手は次のアタックに備えてさらに広いサイドに走るから、ボールを逆に動かせば、タックルがあまり得意でない選手と1対1を作ることができた」と振り返ったが、試合序盤で初めて五郎丸が抜け出した場面も、広いサイドから狭いサイドへの方向転換が功を奏したアタックだった。

しかも、立川が一度もパスをせずに前に出続けたことで、南アフリカの防御に固定観念を植えつけることができた。これが、後半28分に、初めて立川がパスをした際にスペースを生む結果につながり、五郎丸のトライに至る伏線となった。

しかし、最大の変化は、最後にリーチが引き分けではなく迷わず勝利への道を選択したことだった。このとき、ピッチにいた選手全員が、リーチがスクラムを選択すると信じて疑わなかった。正確なプレースキックで得点を稼ぎ続けた五郎丸もそうだった。だから、07年W杯カナダ戦で、引き分けに納得できなかった小野澤のような選手をチームに出さずに済んだ。

リーチ・マイケル（左）とガルセス レフェリー（右）

もちろん、南アフリカに守り切られて勝利どころか引き分けにも届かず、3点差のまま敗れたらリーチの決断には非難の声が挙がったかもしれない。エディーが怒り狂ったのも、その可能性が低くないことを熟知していたからだ。実際この大会では、開催国のイングランドがベスト8進出をかけたウェールズ戦で、キャプテンのクリス・ロブショウがペナルティキックでの引き分けではなく勝利への道を選択し、結果としてラインアウトからの攻撃をウェールズに守り切られて敗れている。そして、メディアから厳しい批判にさらされた。

だから、この選択が正しかったというのは、あくまでも結果論だと言える。

しかし、開催国で上位進出を期待されたイングランドに比べれば、日本にとって初戦の南アフリカ戦は、たとえ敗れたとしても失うものが何もなかった。しかも、直前のアタックで十分に「行ける!」手応えをつかんだ直後だった。

リーチは決断の瞬間を振り返ってこう言った。

「引き分けほど最悪な結果はない――そう考えていた」

エディーがW杯での目標を「南アフリカに勝つ」と設定したことで、チームから迷いが消えた。そこが、「大会2勝」を目標に、勝てる試合、勝つのが難しい試合と対戦相手を分けて考えた前任者との最大の違いだった。もちろん、エディーのなかにも打算や計算はあり、だからこそリーチの決断に腹を立てたのだが、それでも「南アフリカに勝つ」というメッセージは、ベストメンバーを組んだことで選手たちに確実に伝わった。だから、選手たちは最後まで諦めずに勝利を追い求めたのである。

リーチの前任者で、エディーが選手たちの精神的な支柱として代表に選んだ廣瀬俊朗も、大会に臨んだときに失うものがない心境だったことを、次のような言葉で説明した。

「W杯までできたら、もう僕らのもんだと思っていました。それだけの準備をしてきたし、ここで勝とうが負けようが、もうこれ以上はない——という気持ちでいました。大会までの過程で持てる力を出し切ったので、負けたら負けたで、そこからまた何かを学べる。そういう気持ちです。僕自身が試合に出られなかったからかもしれないですが、『これで負けたら申し訳ない』みたいな気持ちにはなりませんでした。それよりも『勝って日本ラグビーを変えたい』という気持ちが強かった」

廣瀬自身は大会を通じて1試合も出場しなかった2名のうちの1人となったが、選手としての複雑な気持ちと、チームの一員としての感情とを上手くコントロールした。

たとえば立川は、試合前日に、先発メンバーとして発表されたクレイグ・ウィングがケガで出場できなくなり、控えから先発に繰り上がった。初めてのW杯に緊張し、大きく膨らむ期待と不安を持てあました。そのとき、立川をリラックスさせたのが、カフェで廣瀬が言った一言だった。

「明日は満員の観客の前で、南アフリカの国歌を聴いて試合ができるんだ。こんな楽しいことはないぞ」

立川は、廣瀬のそんな言葉で気持ちを切り替え、翌日に一世一代のパフォーマンスを見せて勝利の立役者となった。

「立川は『負けたらどうしよう……』と考えていたのですが、それは当然だと思う。怖くない人間なんていないし、それほど恐ろしいことはないから正常な反応でしょう。僕は試合に出ないし、気楽だから『何言っとんねん』みたいな感じでした。『こんな幸せなことはないし、そこに立ちたいと思っている人がどれだけいるか。そこに立てる努力をしてきたのだから、楽しむ権利がある。あとはもう楽しむしかない』と、そういう思いを込めて言いました。立川はそれだけ努力をしてきたし、だから、あそこまでのパフォーマンスができたんです」

リーチは、エディーが「ハードワーク」と名づけた厳しい練習を振り返って、「あれをまた4年間繰り返したら、僕の選手寿命は確実に縮まってしまう」と笑ったが、それだけの裏づけがあったからこそ選手たちは勝利を信じることができた。

廣瀬俊朗

廣瀬もこう話す。

「自分ができることはすべてやってきたし、与えられた環境のなかで常にベストを尽くした自負はありました。だから、『あとはもう、こっちのもんや！』というか、『結果なんかやってみないとわかんない』みたいな気持ちでした。で

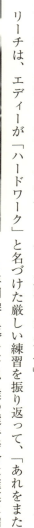

も、そうしたら勝った。勝ったときは嬉しかったし、ここまでやればどうなるのか楽しみでした。ちょっとデキ過ぎのところはありましたが（笑）」

長い間Ｗ杯での勝利を公約しながら実現できなかった現実を変えることを、選手たちは望んだし、エディーはそうした選手たちの気持ちを刺激し、挑発し、鼓舞して公約実現のために妥協を許さなかった。

これが勝利の味を、より一層格別なものにしたスパイスだった。

▼温故知新――「異端」の強み

15年Ｗ杯で活躍した日本代表のスパイス＝味の決め手が「ハードワーク」ならば、隠し味となったのが、エディーがどん欲に収集した「日本人が世界で勝つためには何が必要なのか」という知識だった。

エディーが、格闘家の高阪剛《こうさかつよし》をスポットコーチとして招き、レスリング仕込みの低いタックルをチームに導入したのはよく知られているが、それ以外にも、11年ＦＩＦＡ女子Ｗ杯で優勝したサッカー女子日本代表「なでしこジャパン」監督の佐々木則夫や、ワールドベースボール・クラッシックで優勝した侍ジャパンの原辰徳《はらたつのり》や、12年のロンドン五輪で日本の女子バレーボールに28年ぶりに銅メダルをもたらした眞鍋政義《まなべまさよし》といった指導者を訪ねて、世界にどういうコンセプトで挑んだかを学んだ。

14年にテニスの錦織圭《にしこりけい》が全米オープンのファイナリストとなるや、錦織に関しても情報を集め、合宿でのミーティングの題材とした。また、サッカーにも造詣が深く、FCバルセロナやバイエルン・ミュンヘンを率いたペップ・グアルディオラのスタイルを研究し、14年のFIFAW杯ブラジル大会では、ドイツの優勝を評価した。

エディーは、機動性と連動性、そして高いフィットネスで試合終盤でも相手を運動量で上回ることが可能なチームづくりを志向し、その実現にピタリと照準を合わせた。

同時に、過去の日本代表についての研究も怠らなかった。

特に、71年に来日したイングランドに食い下がった日本代表について知りたがり、映像が現存する花園ラグビー場での第1テストマッチ（19－27）を丹念に見た。そして、当時の日本が生命線としていた低く突き刺さるようなタックルに感銘を受けた。

エディーはW杯での日本代表の試合もすべて見ており、日本が過去に善戦しながら勝利をものにできなかった原因をスクラムの弱さに求めた。勝負所でスクラムを押し崩されて攻守の起点が崩壊した、というのだ。

スクラムは、就任1年目の12年秋にフランス人のマルク・ダルマゾをコーチに招き、強化は飛躍的に進んだが、14年秋のヨーロッパ遠征でルーマニア、ジョージアという〝スクラム強国〟には歯が立たなかった。スクラム練習にどのくらいの時間を割くかで、しばしばエディーとダルマゾの間で厳しいやりとりも交わされたが、それでもW杯直前のウォーミングアップ・マッチでは、ジョージアを相手に組み負けず、手応えをつかんでいた。

もう1つのセットプレー、ラインアウトはもともと身長の低い日本が苦手とするプレーだったが、こちらも元イングランド代表のスティーヴ・ボーズウィックをコーチに招き、獲得率が大きく改善された。

それに加えて、バックスが見せるさまざまなムーブ（サインプレー）を磨くよう選手たちに求めた。特に14年の春シーズンは、立川と田村という、もともと10番の選手を10番、12番と2人並べて起用し、彼らが「カンペイ」といった昔ながらのムーブを現代風にアレンジして、カナダから逆転勝利を挙げるトライに結びつけた。

エディーが言う。

「日本のラグビーでいつの時代の代表がベストか調べた結果、71年にイングランドと戦ったチームがベストだった。彼らは、カンペイのようなループ・プレーを得意としていた。日本人プレーヤーは、本来こういうプレーが得意なのに、今はトップリーグでも大学でも相手にクラッシュ（当たる）するだけのプレーが多い。しかし、こういうプレーこそが、日本の強みになる」

そして、現実のピッチで、ではどういうムーブをするのか――については、現在サントリーで監督を務める沢木敬介が指導した。W杯の南アフリカ戦で五郎丸のトライに結びついたプレーも、沢木が南アフリカの試合を分析し、どこに防御の穴が開くかを見極めて考案したプレーだった。

平尾誠二

勝利を手中にするためなら、エディーは他競技の指導者に教えを請うことを厭わなかった。練り上げたチーム像が明確で具体的だったから、細部の指導も、それぞれの専門家であるコーチに任せた。しかし、日々の進捗状況はスタッフ・ミーティングのなかで細かくチェックし、全員で問題点を共有して、具体的な改善策が議論された。

さらにエディーは、過去の試合を丹念に見返して、W杯に向けて使える要素と使えない要素を先入観なく見極め、21世紀のチームに反映させた。

膨大な情報を土壌にして耕し、手を入れて、勝利という花を咲かせたのである。

平尾誠二は、15年1月にインタビューした際、エディーのラグビーを、「接近・展開・連続」をテーマにイングランドと死闘を繰り広げ、日本代表の基盤を築いた大西鐵之祐の方法論を色濃く反映していると指摘して、こう言った。

「今のエディーのラグビーは、かつて大西さんが言った要素をどんどん取り込みながら、他国にはない尺度を持って、それを基準に強化をしている。昔、大西さんのジャパンがなぜ強さを発揮できたかというと、それは異端だったから。異端が日本の強みだった。これまで日本人は、自分たちが当たり前のように持ち合わせているものが、実は異端的な強さであることに気づかなかったけれども、エディーはそれを客観的に見つめて、強みを伸ばすことに力を注いだ」

そして、こう続けた。

「小さな町工場がカンペイやショートラインアウトのような画期的な製品を開発して全世界からオーダーがきたのが、大西さんのジャパン。でも、すぐに世界的な企業にマネされて販売競争で負けてしまった。日本ラグビーは、そういう歴史をたどってきた。だから、負けてから次の一手を考えるのではもう遅い。製品が売れているうちに、次の製品を生み出すようなスピード感が求められる」

不幸なことに、平尾は15年W杯の勝利こそしっかり目に焼きつけたものの、翌16年10月20日に急逝した（享年53）。今、もし生きて、かつて自分が指揮した代表に選んだジェイミー・ジョセフが日本代表を率いるのを見たら、いったいどんなコメントを残すのか——。

あの、ジョセフ流のキッキング・ラグビーを「次の製品」と見なすのだろうか。

もはやその言葉を聞くことはかなわないが、「異端が強み」というコンテクストから考えれば、キックは、日本の伝統的なラグビーのなかでは異端かもしれないが、世界的に見れば決して異端ではない。むしろ、日本の異端さを損ねるように思えるが、どうなのだろうか。

ジョセフ自身は、自らのラグビーを語ることに忙しく、日本ラグビーの異端的な強さについてはほとんど語っていない。日本人の特性について語るのも、ほとんどが月並みの範疇を出ない。しかし、エディーが気がつかなかった新たな異端さや強みを見つけ出し、それを戦略へと編み上げなければ、19年を戦う「次の製品」は生まれない。

それこそがジョセフの仕事なのである。

もう1つ、エディーの功績を記すならば、選手を育てたことが挙げられる。

ジョン・カーワンの日本代表でフルバックとして活躍したショーン・ウェブは、エディー・ジョーンズがW杯で結果を出したあとで、こんなことを話してくれた。

「僕がW杯に出たときに、JKがやろうとしていたラグビーが間違っていたとは思わない。でも、JKは、エディーが五郎丸を育てたようには選手を育てられなかった。そこが一番大きな違いだと思う」

人材の宝庫ニュージーランドに生まれ育ち、ラグビー界のレジェンドだったカーワンにとって、選手は「育てる」よりも「探す」存在だったのかもしれない。

もちろん、カーワン最後の指揮となった11年W杯でキャプテンを務めた菊谷《きくたに》崇《たかし》が、カナダ戦後の記者会見で「いろいろ批判はあるかもしれませんが……」と前置きし、自らマイクをとってカーワンに謝辞を述べたように、選手たちに課題を与え、鍛え、力を引き出したことは事実だ。しかし、一方でそのカーワンが、日本代表資格を持つ外国人選手をあらゆるツテを使って探し、見つければ代表に呼んで起用してきたのも事実だった。そのバランスが、あまりにも外国人に偏ったから、チームが上手く機能しなかった。

対照的にエディーは、誰に対しても等しく「ハードワーク」を課し、自分がどういうプレーを求めているのかを選手1人ひとりに明確に伝えて、妥協を許さなかった。外国人選手もまた、個々に役割を与えられ、その役割に忠実にプレーすることが求められた。

しかも、エディーは合宿で頻繁に選手と1対1のミーティングを行ない、立川は「頭が真っ白になるくらい」こっぴどく怒られたし、最初の2年間キャプテンを務めた廣瀬も「4年間キャプテンをやっていたら死んでいたかもしれない……というくらいプレッシャーがあった」と振り返る。選手にとってはたまったものではないが、ウェブが言った「育てる」は、この誰に対しても妥協しない姿勢を評した言葉だと言える。

短気かどうかというコーチ本人の性格的な問題はもちろんあるが、しかし私にはそれが、ラグビーにおける人材でニュージーランドに劣るオーストラリアに生まれ、打倒オールブラックスを常に念頭に置いてコーチング理論を深めたエディーの方法論であり、オーストラリアよりもっと人材が少ない日本で成功を収めた要因だったように思える。なにしろ、エディーは選手だけではなく、コーチング・スタッフもまた自分の色に染め上げて——つまり、「育てて」——チームを成功に導いたのだから。

人材は手塩にかけて育てるものか。

それとも血まなこで探すものなのか。

どちらが欠けても日本では成功は難しい。

そこに、人材に恵まれた国でコーチとしてのキャリアをスタートさせた人間が、日本代表を率いる難しさがある。

終章

未来は変えられる！

エディー・ジョーンズにしろ、宿澤広朗にしろ、過去にW杯で日本に勝利をもたらした指導者は、情報収集にどん欲だった。そして、短気またはせっかちであり、強化に妥協を許さなかった。

それに比べれば、現時点では、キッキング・ラグビーに対する頑固なこだわりを除いて、ジェイミー・ジョセフの個性はまだ発揮されていない。

17年6月のアイルランドとの2試合では、情報収集でも具体的なチーム作りでも、残念ながらアイルランドのジョー・シュミットに後れを取った。

19年W杯開幕まであと2年という時間的な制約を考えると、未来に対する展望が明るいとは断言ができない状況に、今の日本ラグビーはいる。

しかし、見方を変えれば、明るい光も見えてくる。

ターゲットを明確に絞る。

それが、キーワードだ。

日本が19年W杯で優勝を狙うのは、あと2年の強化では絶対に不可能だ。

だが、ターゲットをプールAで同組となったアイルランド、スコットランドだけに絞り、彼らを徹底的に分析し、丸裸にして、勝利への道筋をつけるのは不可能なことではない。対象は、イングランドでもフランスでもウェールズでもオーストラリアでもアルゼンチンでもフィジーでもなく、アイルランドとスコットランドに限定されているのだ（ニュージーランドと南アフリカとは準々決勝で対戦する可能性がある）。

しかも、両国とは16年、17年と続けて対戦し、相手のデータを蓄積している。おまけに、両国は毎年シックスネーションズで真剣勝負を繰り広げるから、選手層も、セットプレーの強さも、戦い方の大枠も、しっかりと分析して情報を更新できる。その上で、彼らに勝つにはどれくらいの肉体的な強さが必要で、セットプレーではどのくらいの精度に達しなければならないか、スクラムはどういう組み方を学ばなければならないか、防御システムはどういう守り方が有効なのか、そのためにどういう選手が必要なのか——といったもろもろの詳細を逆算して割り出す。

そして、割り出した目標値に達するよう選手たちを徹底的に鍛え上げる。

言葉にするほど容易なことではないが、2年間という時間は決して十分とは言えないものの、間に合わない時間ではない。

だから、まずターゲットを明確に定める。

同組になると予想されるルーマニアとサモアは、どちらもまだあくまでも可能性の段階だが、実力的に考えればルーマニアのヨーロッパ地区予選1位は確実に思える。サモアについても、7月のオセアニア地区予選でフィジー、トンガに連敗し、ヨーロッパ地区2位チームとのプレーオフに回ることになったものの、ヨーロッパ地区2位の実力を考えると、サモアが勝ち上がる確率が非常に高い。この2カ国も決して侮れるチームではないが、アイルランドとスコットランドに勝てるところまでセットプレーとディフェンスを鍛え、かつこの両国からトライを奪えるアタックを磨けば、基本的に負けることはないと考えられる。もちろん、直前に両国の綿密な分析をして対策を立てるのは当然だが、ルーマニアにしても、サモアにしても、スクラムで優位に立つことが勝利への絶対条件なので、その点でも強化のターゲットをアイルランドとスコットランドに絞ることは有効なのである。

準々決勝の相手を想定した強化は、アイルランド、スコットランド両国に勝てる確信が持てる段階になって取り組むしかないが、前段階の強化がそのまま準々決勝対策に直結することもまた確かな事実だ。ただ、日本代表に求められるマストの成績がグループリーグ突破=8強進出である以上、強化のすべてはそこに注がれるべきだ。もちろん、コーチング・スタッフはニュージーランドと南アフリカの分析を同時並行的に進めて、対策についてのプログラムを組む。けれども、選手たちが取り組む準備は、あくまでもアイルランド、スコットランドに向けられたものになる。

こうした強化に取り組む上で、実はジョセフには、エディーにも宿澤にもなかった大きなアドバンテージがある。

W杯での勝利を知る選手たちをフル活用できること。

それが、日本が史上初めて獲得した最大のアドバンテージなのである。

91年W杯でジンバブエを破ってから24年、日本代表は、W杯で勝つことがどういうことであるかを忘れていた。11年W杯で、カナダをリードして試合を折り返しながら最後に追いつかれたのがその典型だ。

どうすれば勝てるのか。

試合終了の瞬間に相手をスコアで上回ることがどういうことであるのか。

日本の選手は、具体的なイメージを持つのが難しかった。

しかし、南アフリカに逆転勝ちを収めて、すべてが一変した。

15年W杯で日本は、中3日で迎えたスコットランド戦こそ10-45と敗れたが(エディーは自分がメンバー起用を間違えたことを敗因に挙げた)、サモアに26-5、アメリカに28-18と連勝して、南アフリカ戦の勝利がフロックではないことを証明した。

勝利にこだわるあまり、サモアの奔放な個人技を恐れて五郎丸のペナルティゴールで3点ずつ刻む選択をリーチが決断し、結果として4トライ以上奪えば獲得できるボーナスポイントを得られず、最終的にはその差で8強進出を逃したが、それも勝ち慣れていないが故の初期エラーだった。

アメリカ戦も、必勝を期したアメリカが、南アフリカ戦に控え組を起用し、主力を日本にぶつける捨て身の作戦を採用したが、疲労の蓄積と勝っても8強進出が叶わない難しい精神状態のなかで、しっかりとゲームの主導権を握り続けて勝ち切った。

これが、勝利を経験したチームのアドバンテージなのである。

世界を見れば、日本と同じように長くW杯で勝てなかった歴史を持ち、ひとたび勝利の味を覚えるや、勢いに乗って世界の上位に定着した国がある。

87年の第1回大会でイタリアを25－16と破って以来、99年の第4回大会までほとんどすべての試合で僅差の勝負を挑みながら連敗を続けたアルゼンチンだ。

アルゼンチンは、99年大会第2戦でサモアを32－16と破って3大会ぶりの勝利を挙げると、そのまま日本を破り、準々決勝プレーオフでもアイルランドを死闘の末に28－24と破ってベスト8に進出した。

続く03年大会は、アイルランドに15－16と雪辱されて8強進出を絶たれたが、ルーマニアとナミビアからは確実に白星を挙げた。そして、07年大会では開幕戦で開催国のフランスに17－12と競り勝ってグループリーグを1位で通過。準々決勝でもスコットランドを19－13と破って初のベスト4に名乗りを挙げ、南アフリカに敗れて3位決定戦に回ったものの、そこでもまたフランスを破った。

以後は、11年大会がベスト8、15年大会がベスト4（オーストラリアとラグビー史に残る激闘を演じた）と、安定した成績を残している。

極論すれば、勝利が最大の強化だったのである。

日本が19年W杯に臨む上でもっとも必要なことは、このアドバンテージを最大限に活かすことだ。

15年W杯で勝利を経験した選手たちは、勝つことの重みとその波及効果を身をもって体験した。同時に、勝利を得ることがいかに難しく、些細なディーテイルをおろそかにしただけで、勝利が手のひらから滑り落ちることも身にしみて経験している。つまり、「勝利へのリアリティ」を身につけたのである。

勝利へのリアリティとは、廣瀬が15年W杯について語った「与えられた環境のなかで常にベストを尽くした自負」のことであり、その感覚を知る選手たちがチームにいることで、強化の方向性が脇道にそれるのを防ぐこともできる。

もちろん、強化の過程で15年W杯出場メンバーが、出場したという実績だけで19年W杯に向けたセレクションで優位に立つことはチーム作りにマイナスに働くが、新しい選手たちとポジションを競わせながら力を最大限に引き出せば、チームには太い骨格ができる。同時に、新しく代表に入ってW杯に臨む選手たちから自国開催の重圧を和らげ、彼らにW杯がどういう戦いの場であるかをプレーヤー同士の言葉で伝えることができる。

エディーは、その役割をW杯初体験の廣瀬に委ねたが、その廣瀬が立川の重圧を和らげて最高のパフォーマンスを引き出す一助となったのは前述した通りだ。

日本ラグビー界が総力を挙げてW杯に臨むというのは、そういう貴重な財産をフルに活用することなのである。

17年7月までの強化プロセスを見る限り、ジェイミー・ジョセフはまだ、自分自身がニュージーランドで実績を上げたラグビーを日本に移植することにこだわり続けている。しかし、それが日本ラグビーを育んだ土壌に合わない以上、花は咲かないだろうし、咲いたとしても貧相な花にしかならないだろう。早晩、W杯を前に一度は日本での試合を経験しておきたい強豪チームの数々と対戦するなかで、限界が露呈するはずだ。

そうした危機的状況に陥ったときに、選手たちが持つ勝利へのリアリティが、方向性を矯正する強力な力になる。危機的状況に陥る前に、選手たちが勝利へのリアリティを見つめ直し、矯正の方向に歩を進められればベストだが、指導者の指示に従順に従うことを是とする日本の風土では、それはやや難しいかもしれない。しかし、そのために日本代表には田邉淳《たなべあつし》や長谷川慎といった日本人コーチがいる。そして、彼らの背後には、トップリーグを戦い、さまざまな場でコーチングを学んだ人間たちがいる。過去のW杯で敗北の悔しさを噛み締めた人間たちも数多くいる。選手たちは1人ではない。彼らの背後には、19年W杯で日本が勝つことを希求する人間たちの広範なサポートが存在するのだ。

まずは、17年春シーズンのサンウルブズと日本代表のパフォーマンスを、リーダーグループに位置づけられた主力選手とコーチ陣が細かくレビューし、どこに問題点があってどこをどう改善すべきなのか。19年秋のアイルランド戦、スコットランド戦に向けて何から手をつければいいのか。どの項目の強化を優先すれば間に合うのか。それとも根本的な方針転換が必要なのかを徹底的に議論する。

本来ならば、日本代表強化委員会が、チームとは別に独立・中立的な機関を設けてジョセフのラグビーを子細に検討し、同じように19年秋に向けた個別具体的なロードマップを作成し、その結果をチームにフィードバックするべきだ。結論が、コーチ・選手たちのレビューと食い違ってもまったくかまわない。むしろ、その食い違いを解析してこそ、19年に向けた課題が浮き彫りになる。

現状では、強化委員会が果たして「ジョセフと心中」的なメンタリティを脱して、シビアに議論できるかどうかはなんとも言えないが、本来は彼らがジョセフの雇用者なのである。HCを雇用し続けるか、契約を解除するかの決定権は、彼らにある。

HC解任が大きなリスクを伴うことを百も承知で言えば、W杯まであと2年という時期は、最後の方向転換が可能なギリギリのタイミングだ。

けれども、ことは日本ラグビーを、19年W杯以後も確固とした存在感を持つ競技として存続させられるかどうかという大問題なのである。議論を避け、決断を先送りすることは、残り少ない貴重な時間をあたら浪費することに直結する。

未来を変えるための決断は、一刻も早く下されなければならない。

そして、そのための議論には、W杯で勝った経験を持つ選手たちの勝利への嗅覚と、負けることを何よりも恐れるアスリートの本能が、しっかりと反映される必要がある。

極論すれば、HCが何を言おうと、グラウンドで戦うのは選手たちなのである。

何よりも、彼らの意志が最大限に尊重されるべきだ。

廣瀬は、ポスト19年W杯の成功したイメージを次のように話す。

「たとえば平日に学校で、あるいは週末に多摩川に行くと、野球やサッカーをやっている人が多いですが、そこでもう少しラグビーをやっている光景が増える——19年W杯が成功するというのは、そういうイメージだと思う。テレビをつけたらラグビーをやっているとか、ラグビーが日常にあるというか、当たり前のように、普通の人たちがラグビーに触れられるようになればいい」

そんな当たり前の光景を現実のものにするために、15年W杯代表となった選手たちは「ハードワーク」を耐え抜いた。そして、実現までのプロセスは、19年W杯という最後の関門を残すのみ、というところまで事態は進んだ。

歴代の日本代表選手たちが夢見ながら、実現が遙か遠くに思えた理想の状態が、実はもうすぐそこにあるところまで日本ラグビーは進化を遂げてきた。言い換えれば、絶対に変えられないように見えた未来を、日本は長い年月をかけて少しずつ変えて現在に至ったのである。

大丈夫、だったらあと2年後の未来も、今から変えられる。

そのために大切なことは、この国のラグビーを育んだ土壌をもう一度入念に点検し、その上に咲かせる花を選りすぐることだ。その花は、世界最先端の国から移植した外来種でも、どこにでも見られる花でもなく、この国の土壌にしか咲き得ない独特の形状をした固有種であるはずだ。

そうなって初めて、日本ラグビーは自国開催のW杯から最大限の実りを収穫したことになる。

あと2年。

それでも未来は、変えられるのだ。

参考文献

※本文に明記した以外に、以下の文献を参考にしました。

『そして、世界が震えた。　ラグビーワールドカップ2015「Number」傑作選』(文藝春秋)

『ナンバープラス　ラグビーワールドカップ完全読本　2015　桜の決闘』(文藝春秋)

『桜の軌跡　ラグビー日本代表 苦闘と栄光の25年史』(スポーツ・グラフィック ナンバー編／文藝春秋)

『なんのために勝つのか。ラグビー日本代表を結束させたリーダーシップ論』(廣瀬俊朗／東洋館出版社)

『ラグビー名勝負伝』(洋泉社)

『ラグビー百年問題 W杯の惨劇を検証する』(日本ラグビー狂会編・著　双葉社)

『日本ラグビー復興計画』(宿澤広朗・永田洋光／阪急コミュニケーションズ)

『ラグビー従軍戦記』(永田洋光／双葉社)

『日本ラグビー原論』(永田洋光／ぴあ)

『勝つことのみが善である 宿澤広朗全戦全勝の哲学』(永田洋光／ぴあ)

『スタンドオフ黄金伝説』日本ラグビーを切り拓いた背番号10』(永田洋光／双葉社)

『ラグビーマガジン』通常号及びワールドカップ増刊号(ベースボール・マガジン社)

『スポーツ・グラフィック ナンバー』通常号(文藝春秋)

公認財団法人日本ラグビーフットボール協会ホームページ

[著者紹介]

永田洋光（ながた・ひろみつ）

1957年生まれ。大学卒業後、出版社勤務を経てフリーになり、88年度からラグビー記事を中心に執筆活動を続ける傍ら、2000年から16年度まで江戸川大学で非常勤講師を務める。10年に週刊メールマガジン『ラグビー！　ラグビー！』を立ち上げ、以後、週に一度のペースで日本代表やトップリーグを中心に情報発信を続ける。07年『勝つことのみが善である――宿澤広朗全戦全勝の哲学』（ぴあ）でミズノスポーツライター賞優秀賞を受賞。著書に『スタンドオフ黄金伝説』、『ラグビー従軍戦記』（以上双葉社）、『日本ラグビー原論』（ぴあ）、共著に『桜の軌跡　ラグビー日本代表　苦闘と栄光の25年史』、『そして、世界が震えた。ラグビーワールドカップ2015「Number」傑作選』（以上文藝春秋）などがある。16年度から、ヤフーニュース個人にサンウルブズや日本代表についての記事を寄稿している。

装丁………佐々木正見
写真提供………齋藤龍太郎
DTP制作………勝澤節子
編集協力………四家秀治、田中はるか

新・ラグビーの逆襲
日本ラグビーが「世界」をとる日

発行日❖2017年9月30日　初版第1刷

著者
永田洋光

発行者
杉山尚次

発行所
株式会社**言視舎**
東京都千代田区富士見2-2-2 〒102-0071
電話 03-3234-5997　FAX 03-3234-5957
http://www.s-pn.jp/

印刷・製本
モリモト印刷㈱

ISBN978-4-86565-104-1 C0075

978-4-86565-078-5

プロ野球
常勝球団の方程式

常勝の９チーム—日本ハム・ソフトバンク・ヤクルト・西武・広島・阪急・ジャイアンツ・西鉄・南海ホークス。独自の評価基準で数値化、５つの視点から分析、新人、外国人選手、監督、補強戦略など常勝球団の３つのタイプとは？

四六判並製　定価1600円＋税

出野哲也著

978-4-905369-67-7

改訂新版
メジャーリーグ人名事典

ひとりだけで作った画期的な大事典！メジャー・リーグの歴史のなかで活躍した殿堂入りプレイヤー、監督から現役選手まで、約3000名の名選手を網羅。厳しい基準で、真の名選手でないと本事典には掲載されない。タイトルホルダー等のデータも充実。

A5判上製　定価6000円＋税

出野哲也 編著

978-4-905369-11-0

ラグビーの逆襲
勝手に本気に“再メジャー化計画”！

いつから日本のラグビーは“マイナー”スポーツに成り下がってしまったのでしょうか。2019年Wカップは日本開催。本書では昔ファンを自認していた人を連れ戻したいと思います。大胆な提案もあります。笑って楽しんでください。

四六判並製　定価1600円＋税

木部克彦著